시폐

市弊

시폐

市弊

조선후기 서울 상인의
소통과 변통

비변사 편 | 조영준 역해

규장각
새로 읽는   004
우리 고전

아카넷

'규장각 고전 총서' 발간에 부쳐

고전은 과거의 텍스트이지만 현재에도 의미 있게 읽힐 수 있는 것을 이른다. 고전이라 하면 사서삼경과 같은 경서, 사기나 한서와 같은 역사서, 노자나 장자, 한비자와 같은 제자서를 떠올린다. 이들은 중국의 고전인 동시에 동아시아의 고전으로 군림하여 수백 수천 년 동안 그 지위를 잃지 않았지만, 때로는 자신을 수양하는 바탕으로, 때로는 입신양명을 위한 과거 공부의 교재로, 때로는 동아시아를 관통하는 글쓰기의 전범으로, 시대와 사람에 따라 그 의미는 동일하지 않았다. 지금은 이들 고전이 주로 세상을 보는 눈을 밝게 하고 마음을 다스리는 방편으로서 읽히니 그 의미가 다시 달라졌다.

그러면 동아시아 공동의 고전이 아닌 우리의 고전은 어떤 것이고 그 가치는 무엇인가? 여기에 대한 답은 쉽지 않다. 중국 중심의 보편적 가치를 지향하던 전통 시대, 동아시아 공동의 고전이 아닌 조선의 고전이 따로 필요하지 않았기에 고전의 권위를 누릴 수 있었던 책은 많지 않았다. 이 점에서 우리나라에서 고전은 절로 존재하였던 과거형이 아니라 새롭게 찾아 현재적 가치를 부여하면서 그 권위가 형성되는 진행형이라 하겠다.

서울대학교 규장각한국학연구원은 법고창신의 정신으로 고전을 연구하는 기관이다. 수많은 고서 더미에서 법고창신의 정신을 살릴 수 있는 텍스트를 찾아 현재적 가치를 부여함으로써 새로운 고전을 만들어가는 일을 하여야 한다. 그간 이러한 사명을 잊은 것은 아니지만, 기초적인 연구를 우선할 수밖에 없는 현실로 인하여 우리 고전의 가치를 찾아 새롭게 읽어주는 일을 그다지 많이 하지 못하였다. 이제 이 일을 더 미룰 수 없어 규장각한국학연구원에서는 그간 한국학술사 발전에 큰 기여를 한 대우재단의 도움을 받아 '규장각 새로 읽는 우리 고전 총서'를 기획하였다. 그 핵심은 이러하다.

　　현재적 의미가 있다 하더라도 고전은 여전히 과거의 글이다. 현재는 그 글이 만들어진 때와는 완전히 다른 세상이다. 더구나 대부분의 고전은 글 자체도 한문으로 되어 있다. 과거의 글을 현재에 읽힐 수 있도록 하자면 현대어로 번역하는 일은 기본이고, 더 나아가 그 글이 어떠한 의미가 있는지를 꼼꼼하고 친절하게 풀어주어야 한다. 우리 시대 지성인의 우리 고전에 대한 갈구를 이렇게 접근하고자 한다.

'규장각 새로 읽는 우리 고전 총서'는 단순한 텍스트의 번역을 넘어 깊이 있는 학술 번역으로 나아가고자 한다. 필자의 개인적 역량에다 학계의 연구 성과를 더하여, 텍스트의 번역과 동시에 해당 주제를 통관하는 하나의 학술사, 혹은 문화사를 지향할 것이다. 이를 통하여 우리의 고전이 동아시아의 고전, 혹은 세계의 고전으로 발돋움할 수 있기를 기대한다.

기획위원을 대표하여 이종묵이 쓰다.

차례

다시 읽는『시폐』

　　『시폐(市弊)』는 서울대학교 규장각한국학연구원에 소장되어 있는 유일본(唯一本)이다.『공폐(貢弊)』와 더불어 영조(英祖) 29년인 1753년에 작성되었으며, 총 3책으로 구성되었으나 제1책은 현존하지 않고, 제2책과 제3책만이 남아 있다. 한우근(1966: 184) 이래 서울대학교도서관(1983: 341~342), 강만길(1985: iii~vii), 임인영(1986: 172~174) 등의 해제가 있었는데, 그중에서도 강만길(1985)은『시폐』의 원본을 영인하여 출판하는 과정에 작성된 것으로서『시폐』의 보급에 기여한 바 있다. 이후『시폐』는 조선후기 상업사 연구자들에게 널리 알려졌고, 여러 연구에 두루 활용되기에 이르렀다.

　　『시폐』는『공폐』와 짝을 이루는 대표적인 순문(詢問) 보고서로서, 각 전별(各廛別)로 상언(上言) 또는 상소(上疏)와 그에 대한 조처(措處) 또는 제사(題辭)를 묶어놓은 책이다. 전체적으로 일관되게 건의와 답변의 구조, 즉 문답(Q&A)의 형식을 취하고 있으며, 도합 57개 시전의 85개 상언과 각각에 대한 제사로 구성되어 있다. 답변 및 정리, 그리고 이를 작성하여 보고한 주체는 비변사(備邊司)였고, 가장 주요한 열람자는 영조였다. 시전(市廛)의 시폐(時弊)와 그에 대한 처분을 엮은 어람용(御覽用) 책자에 해당하였으므로, 간인(刊印)이 되지 않은 채 필사본(筆寫本)으로 남아 있는 것이다.

영조조에서 정조조를 거쳐 19세기에 이르기까지 서울의 상공인과 국왕 간에 이루어진 소통의 대명사로는 '공시인순막(貢市人詢瘼)'이 있었다(한상권 1996; 2000; 고석규 2000 등 참조). 이러한 소통의 체계가 정착되는 데 있어서 결정적인 계기를 마련한 것이 바로 『시폐』와 『공폐』의 작성이었다. 이전에 『상언등록(上言謄錄)』(1649~1743)이 있었고, 이후에도 『정조병오소회등록(正祖丙午所懷謄錄)』(1786)이나 『소지등록(所志謄錄)』(1887~1895) 등이 작성되었으므로, 『시폐』와 『공폐』는 장기에 걸친 소통의 제도화 과정에서 생산된 자료라 할 수 있다. 소통의 창구로서 공시당상(貢市堂上) 체제를 확립하여 운영하게 된 것도 이러한 제도화의 일환이었다(한상권 2000: 276).

각종 순문의 기록에는 관민 간의 갈등 및 민간의 갈등을 조정한, 사법 주체로서의 비변사 또는 공시당상이 내린 '합리적' 조치들이 수록되어 있다. 그 속에는 명분과 실리의 균형, 질서와 규범의 확립, 이해관계의 조정 등이 포함되어 있다. 소통이 단순히 민정(民情)의 조사 수준에 그치지 않았음은, 소통의 결과로서 이행된 변통(變通)으로부터 확인할 수 있다.

시민(市民)이나 공인(貢人)의 호소에 대하여 제사(題辭) 또는 뎨김[題音]

을 내려주는 방식을 통해 여러 조치가 취해졌다. 대개 다섯 가지로 나누어볼 수 있으며, 「폐막별단(弊瘼別單)」이라는 자료에서는 '허시(許施)', '탕감(蕩減)', '금단(禁斷)', '신칙(申飭)', '물시(勿施)'의 다섯 가지 질(秩)로 구분하고 있다. 변통의 조처는 판결문의 사본에 해당하는 등급(謄給)의 형태로 내려져 증빙의 수단으로 활용되는 경우도 있었지만, 보다 일반화된 사례라면 절목(節目) 또는 정식(定式)의 형태가 되거나, 정례(定例)와 같은 규정의 마련 또는 혁파로 귀결되기도 하였다. 변통의 방식이나 유형이 시기별로 다양하게 나타나고 있었다는 점은 소통의 노력 역시 충분히 있어왔음을 의미한다.

그렇다면 당시 서울의 시전에서는 어떠한 폐단(弊端) 또는 폐막(弊瘼)이 있었기에 끊임없이 소통하며 변통을 추구하게 되었을까? 질문을 조금 좁혀, 『시폐』에서는 어떠한 내용의 폐해가 건의되었고, 또 거기에 대해 어떠한 시정(是正) 또는 구혁(抹革)이나 구폐(抹弊)의 조치가 내려졌던 것일까? 분류의 기준을 어떻게 설정하느냐에 따라 차이가 있겠지만, 여기서는 크게 다섯 가지 정도로 요약해보고자 한다.

첫째는 국역(國役)의 부담이었다. 시전이 국역에 응하는 것은 의무였으며, 대개 "응역(應役)" 또는 "응국역(應國役)"으로 표현되었다. 국역의 부담을 지는 대신 특정 물종에 대한 전관권(專管權), 즉 독점적으로 취급할 수 있는 권리를 가졌다는 점에서 원칙적으로 국역 그 자체는 부담이 될 수 없었다. 하지만 궐내외의 여러 기관에서 필요로 하는 수리(修理), 도배(塗褙), 봉조(縫造) 등을 중심으로 한 국역이 부담이 되곤 했는데, 이는 규정된 푼수[分數] 이상으로 국역에 차출되거나, 푼수가 없는데도 차

출되는 경우가 있었기 때문이다.[1]

둘째는 관수품의 조달, 즉 진배(進排)에 대한 수가(受價)에서 발생하는 문제였다. "선진배후수가(先進排後受價)"라는 관행 자체도 문제였지만 미지급, 연체, 헐값의 세 가지가 더 큰 문제였다. 관청이나 궁궐에 납품한 대금을 제대로 받지 못하게 되어 낙본(落本)이 누적되면 결국 빚이 쌓일 수밖에 없었다. 대금을 시가에 미치지 못할 정도로 괴리된 수준으로 지급하는 것을 넘어서 원가의 10분의 1만 치르는 사례(「상하목기전」)도 있을 정도였다. 그 세 가지에 더하여 근거나 대가 없이 강제되는 "백지진배(白地進排)" 또는 "무가진배(無價進排)"도 시전을 괴롭히는 요인이 되었다.

셋째는 진배(進排)나 책납(責納)의 실행 과정에서 발생하는 부대비용이었다. 궐내나 각사의 발주에 따라 물품을 조달하고 그에 대한 대가를 받는 과정에서 관원이나 궁녀를 포함한 여러 사람이 개입되기 마련이었다. 결과적으로는 전궁(殿宮)이나 아문(衙門)에서 필요로 한 것 이상의 부담이 시전에게 강제되었다. 그러한 부수적 비용으로는 부비(浮費), 정채(情債), 방구전(防口錢) 등이 있었으며, 오히려 이러한 지출이 시전을 더욱 괴롭히고 있었다. 따라서 "『시폐』의 내용 가운데 많은 부분이 부비·정채·낙본 등의 현상을 보여주고 있"는 것이다(변광석 2001: 86).

넷째는 시전 간 또는 시전과 공장(工匠) 간의 대립, 즉 물종 전매권 분쟁이었다. 그 내용은 상권(商圈)의 중첩에 따른 배타적 독점권의 추구, 상인 물주의 수공업자에 대한 지배, 공장의 직매(直賣)로 인한 시전 전매권의 침해 등으로 다양하게 나타났다. 이러한 현상은 유통 질서의 교란으로 해석되는 경우도 있고, 시장의 발달과 연계하여 이해되기도 한다.

마지막으로 사상(私商)의 난전 행위로 인해 시전이 침해당하거나 피해를 입는 것이었다. 사상은 권력 집단에 해당하는 군문, 세도가, 궁방 등의 세력에 의탁한 무뢰배(無賴輩)가 대부분이었다. 이들은 주로 출패(出牌)나 출금(出禁) 등의 형태로 폭력을 행사하거나, 박물전(博物廛)이라 칭하면서 신규의 시전을 개설하였다. 하지만 시안(市案)에 등재될 정도로 항구적인 영업을 행하였다는 증거는 찾기 어렵고, 일시적이고 단발적인 이윤 추구를 지향하였던 것으로 보인다.

그런데 이상과 같은 폐단의 피해자인 시전은 스스로 겪고 있는 상황, 즉 시폐(市弊)인 동시에 시폐(時弊)에 해당하는 내용을 청자(聽者)에게 있는 그대로 객관적으로 전달하지는 않았다. 피해 상황을 극대화해야만 자신들의 요구 사항이 관철될 수 있을 것이라는 기대 때문인지, 여기저기에서 엄살을 부리는 듯한 내용이 보인다. 시전이 호소한 내용을 살펴보면, 전형적인 수사(修辭)가 자주 등장한다. 이를테면 "생계의 잔박이 백각전(百各廛) 중에서 가장 아래"(「면화전」)라거나 "저희 전은 곧 백시(百市)의 말단으로서, 폐단 역시 백시 중에서 으뜸"(「우전」)이라는 표현이 보이는데, 면화전은 2푼, 우전은 1푼의 국역을 담당한 유푼전이었다. 다른 전에 비해서 상대적으로 풍족하였을 가능성이 높은데도 최하의 여건이라고 한 것은, 겸사(謙辭)가 아니었을까? 이러한 수사나 겸사는 결국 폐단의 진실을 과장할 수도 있다. 따라서 현대의 독자라면 시전이 스스로 영세함을 자처하더라도 이를 곧이곧대로 받아들일 필요는 없을 것이다.

『시폐』와 같은 방식의 순문은 시전상인 개개인에 대해 이루어진 것이 아니었다. 국가의 조달을 담당하는 단위로서의 '전(廛)'이라는 상인 조직이 그 대상이었다. 시전상인의 조직은 도중(都中)이라고 하였으며, 조직의 사무소 또는 대외(對外)의 창구(窓口)는 도가(都家)라고 하였다. 조직의 운영을 담당한 자들은 삼소임(三所任)이었으며, 그 외에도 다양한 직책이 정연한 위계를 이루고 있었다. 『시폐』에 담긴 문답은 그러한 조직을 전제로 한 질의응답, 즉 조직적 대응에 대한 행정적 처분이었다.

도중이 취급 품목에 기반한 전(廛) 단위의 공동체였다면, 이와 일부 중첩되는 개념으로서 '주비(矣)'가 있었다. 일반적으로 시전의 조직뿐만 아니라 여객주인이나 공인의 조직에서도 도중이라는 명칭은 찾을 수 있다. 하지만 '주비'라는 용어는 시전과 같은 관변(官邊) 상업 조직 또는 결세(結稅)나 공물(貢物)의 납부 단위로서의 농업 조직 등 조세 제도와의 관련 속에 성립한 조직에서만 나타난다(이영훈 1980; 이성임 2009).

소위 육의전(六矣廛)이라 하는 육주비전(六注比廛)은 국역의 분담이라는 조세 제도상에서 가장 중요하게 여겨졌던 여섯 가지의 시전 묶음을 의미한다. 따라서 육주비전에 반드시 6개의 전만이 포함되는 것은 아니었고, 많게는 8개의 전까지 포함되었다. 내어물전과 청포전이 하나의 주비로 묶이기도 하였고(『동국문헌비고』, 『탁지지』 등), 저포전과 포전, 내어물전과 외어물전이 각각 하나의 주비로 묶이기도 하였다(『만기요람』, 『동국여지비고』, 『육전조례』 등).

요컨대 『시폐』에는 상인 조직 상호 간의 분쟁, 상인 조직과 비상인 간의 분쟁, 상인 조직과 권력 기관과의 분쟁 등 상인 조직을 중심으로 한 여러 가지 갈등의 양상이 기록되어 있다. 그러므로 개별 상인이 각자의 점포를 어떻게 운영하였는지, 상인 조직의 구성과 내부 결속의 양상이 어떠하였는지에 대해서는 알려주는 바가 거의 없다. 이는 『시폐』가 국가에 의해 조사되고 작성된 자료라는 근본적 한계를 가지는 자료임을 알려주는 동시에, 『시폐』와 같은 순문의 기록을 통해서는 조선후기 상업의 역사를 일단면(一斷面)으로밖에 파악할 수 없음을 뜻한다. 물론 이는 관찬(官撰)의 연대기로도 극복하기 어려운 한계이다.

조선후기 서울의 시전은 국가에 대한 조달 업무를 담당하는 공공기관으로서의 성격과 서울 주민에게 물자를 판매하는 도·소매상으로서의 성격을 함께 가지고 있었다. 따라서 상업사 연구를 다면적으로 수행하기 위해서는 도중 내부의 자료, 또는 상인 개인의 자료가 보다 많이 확보되고 적극적으로 분석되기를 바랄 수밖에 없다. 그렇게 하고 나서야 시전 및 시전상인에 대한 실체를 어느 정도 손에 쥐어볼 수 있을 것이다.

영인본(影印本)의 공간(公刊)이 이루어진 지 약 30년 만에 『시폐』의 번역과 해설이 이루어졌으니 다소 늦은 감이 없지 않다. 또한 연구자들 사이에서 이미 널리 읽히고 활용된 책을 번역한다는 것은 여간 부담스러운 일이 아니다. 하지만 『시폐』 또는 이와 유사한 자료가 번역된 전례가 없다는 점에서 조선후기 상업사 연구를 새로운 차원으로 끌어올릴 수 있는 계기가 마련되기를 기대하면서, 번역의 취지에 관해 간략히 언급해두고자 한다.

첫째, 『시폐』는 '우리 고전'의 반열에 올려놓아도 손색이 없을 정도로

훌륭한 자료이지만, 제1책을 찾을 수 없는 영본(零本)이라는 점으로 인해 그간 절름발이 신세를 면하기 어려웠다. 『시폐』에서 각전이 기록된 순서는 우선순위에 따른 것이었고, 이에 전체 시전 중에서 비중이 높은 육주비전을 비롯한 10여 전(廛)의 기록이 누락된 것으로 추정된다. 따라서 기존 연구에서는 『시폐』에 수록된 개별 전의 기사를 발췌하여 인용하는 방식으로 활용되는 것 이상으로 적극적인 분석을 행하기 어려웠다. 따라서 어떻게든 시폐의 누락분을 보완하고자 하는 시도를 할 필요가 있는 것이다.

둘째, 그동안 시전에 관한 연구 성과가 축적되면서 이제는 재해석이 필요한 (또는 가능한) 시점이 되었다. 『시폐』가 학계에 처음 보급될 무렵에 비해서 지금은 시전에 대한 이해 수준이 훨씬 깊어졌다. 고전은 그 자체로도 충분한 가치를 지니지만, 고전이 가지는 또 하나의 매력은 그것이 시대 및 지식수준의 변화에 따라 재활용되고 재평가되면서 인간의 의식 구조에 끊임없는 자극을 준다는 데 있다.

셋째, 『시폐』를 활용하여 당대 시전의 운영상을 제대로 읽어내기 위해서는 전후 시기에 간행된 다른 자료와 비교할 필요가 있다. 시전의 목록을 담고 있는 대표적 자료로는 18세기의 『동국문헌비고』 및 『탁지지』와 19세기의 『한경지략』 및 『동국여지비고』 등이 있다. 이들 자료는 여러 연구에서 소개되었을 뿐 아니라 국역본이 출간되어 있기도 하지만, 일부 오류가 있고 크로스체크도 이루어진 바 없다. 또한 『청구요람』에 포함된 「도성전도」를 비롯하여 각종의 지도 자료를 통해 시전의 위치를 구체적으로 확인할 수 있으며, 개별 전에 따라서는 『가체신금사목』이나

「도자전등급문서」와 같이 관련 고문헌이 현존하는 사례도 있다. 그러므로 『시폐』의 번역 과정에서 여러 자료를 한곳에 종합하여 다시 해설하는 기회를 가진다면, 시전에 대한 이해 수준을 높이는 데 기여할 수 있을 것이다. 이 책에서는 이렇게 『시폐』를 다른 자료와 동시에 활용함으로써 당대의 시전과 서울 경제의 실상을 입체적으로 조망하고자 하였으며, 독자의 편의를 위해 각 자료의 원문을 부록에 따로 실어놓았다.

요컨대, 『시폐』를 번역하고 보완하여 출판함으로써 종전에는 짧은 호흡으로 읽을 수밖에 없었던 자료에 긴 숨을 불어 넣어 차분하게 읽어볼 기회를 가지고자 한 것이다. 영인본 『시폐』가 학계 차원에서만 두루 활용되어 연구자의 전유물이 되어왔다면, 역해본 『시폐』는 일반 대중의 접근성도 높이는 계기를 마련할 수 있을 것이다. 역해본 『시폐』가 앞으로의 시전 연구에서 입문서 또는 핸드북 역할을 할 수 있다면 집필의 의도는 충분히 달성되는 셈이지만, 나아가 교양 있는 일반인의 시전 이해를 위한 길잡이 역할까지 할 수 있기를 기대해본다.

끝으로 『시폐』와 짝을 이루는 『공폐』의 번역과 출간을 동시에 진행하지 못한 점이 아쉬움으로 남는다.

2013년 6월
조영준

일러두기

- 『시폐』의 영인본이 이미 발간되어 있으므로, 이 역해서에서는 전체적인 일관성을 기하고 가독성을 확보하기 위해 이체자 또는 이형자는 거의 모두 대표자로 바꾸어놓았다.
- 필요한 경우에는 매끄러운 의미 전달을 위해 직역보다는 의역을 했다.
- 이두(吏讀)의 번역 역시 문맥을 고려하여 필요에 따라 현대어로 바꾸어 조정했다.
- 원문에서 만연체로 연결된 문장이라도 의미를 보다 명확히 하기 위해 적절히 끊어서 풀어냈다.
- 원문에서 덧칠로 지워놓은 글자는 ▨로 표시했다.

시폐 제2책

市弊 二

(출처: 서울대학교 규장각한국학연구원)

문외신상전 門外新床廛

◎ 시전의 상언(上言) 저희 상전(床廛)은 도성 밖에 있어서 이익은 작고 역(役)은 번잡한데도, 난전(亂廛)의 폐단이 요즈음 더욱 낭자합니다. 무뢰배가 여러 가지 긴요한 물건을 한데 모아 '박물전(博物廛)'이라 일컬으며 저희 전(廛) 앞에서 진열해놓고 팔고 있는데, 세력을 믿고 업신여기며 사납게 굴지만 이를 막을 수 없으니, 이 또한 힘없는 백성에게는 대단히 큰 폐단입니다.

◎ 비변사의 제사(題辭) 세력 있고 일없이 한가한 자들이 여염(閭閻)을 두루 돌며 각 상전의 물화를 잔뜩 사들여 큰길 위에 늘어놓고 발매(發賣)하는 것은 몹시 해괴한 일이다. 이제부터는 한성부(漢城府)와 평시서(平市署)에 분부하여 각별히 엄금(嚴禁)할 것을 정식(定式)으로 삼아 시행하라.

◎ 시전의 상언(上言) 선전관청(宣傳官廳)의 북통[鼓桶]에 소용(所用)되는 5~6뼘[抱]의 회화나무[槐木] 및 보루각[漏局]에 소용되는 유리와 자석[指南石]은

원래 시전에서 취급하는 물건이 아닌데, 매번 시민(市民)으로 하여금 무납 (貿納)하게 하여, 부비(浮費, 비용)와 정채(情債, 수수료 명목으로 얹어주는 돈) 가 지나치게 많이 드니 각별히 변통하여주시기 바랍니다.

◎ 비변사의 제사(題辭) 유리와 자석은 다른 전에서 이미 구처(區處, 변통하 여 처리함)하였다. 선전관청의 북통에 쓸 회화나무로 말하자면, 5~6뼘으로 하게 되면 극히 크고 넓다. 행고(行鼓, 행군할 때 치는 북)의 체양(體樣)이 그 정도에 이르지는 않으니, 회화나무의 크고 작음을 참작하여 헤아려서 받아 쓰고, 시전의 폐단을 없애게 할 것을 엄칙(嚴飭, 엄하게 타일러 경계함)하되, 만 약 혹시라도 전과 같이 폐를 끼친다면 해당 관원은 경중에 따라 죄를 논하 고, 하인배는 법사(法司)에 보내어 죄를 다스리도록 하라.

　　　　門外新床廛
　　一矣徒床廛在城外利小役煩而亂廛之弊近益狼
　　藉無賴輩鳩聚各樣緊要之物謂之博物廛列肆於
　　矣廛之前而倚勢陵殘故莫之能禦此亦殘民之巨
　　弊事
　　有勢閑雜人各床廛物貨周行閭里多數貿得鋪於大
　　路上發賣者事甚可駭自今分付漢城府平市署各別
　　嚴禁事定式施行
　　　一宣傳官廳鼓桶所用五六抱槐木及漏局所用琉
　　　璃指南石元非市物而每使市民貿納浮費情債太
　　　多各別變通事

琉璃指南石則他塵已區處而至於宣傳官廳鼓桶次
槐木則爲五六抱極爲廣大而行鼓體樣不至於此槐
木大小酌量捧用俾除市弊事嚴飭而若或如前貽弊
則當該官員從輕重論罪下屬移法司科治

❖

상전(床塵)이란 여러 가지 잡다한 물건을 상(床) 위에 늘어놓고 파는 곳을 가리키며, 문헌에 따라서는 상전(牀塵)으로 표기하기도 했고, 속칭 "상자리전(箱貨利塵)"이라고도 하였다. 『동국문헌비고(東國文獻備考)』(1770)의 「시적고(市糴考)」에 따르면, 상전에서는 "말총, 가죽, 황밀, 향사 등의 잡다한 물건을 팔았"다고 하는데(賣馬尾皮物燭蜜鄕絲等雜物), 『한경지략(漢京識略)』(1830)에서는 서책(書册)이나 휴대(休帒, 휴지)도 취급 품목으로 열거하고 있으며, "바늘은 동상전에서만 판매한다"고 하는 등(針子則獨於東床塵貨賣), 시기나 점포에 따라 취급 품목이 변하거나 달랐음을 알 수 있다. 『한양가(漢陽歌)』에도 상전의 취급 품목이 열거되어 있다.

슈각다리넘어셔니 각석상전버려셰라
면빗참빗어레빗과 밤지츕치허리씌며
총젼보료모단츠며 간지쥬지당쥬지라

水閣다리 넘어서니 各色 床塵 벌였어라.

면빗, 참빗, 얼레빗과 쌈지, 줌치, 허리띠며

총젓, 보료, 毛毯子며 簡紙, 周紙, 唐周紙라.

– 출처: 『한양가』

『동국문헌비고』가 전하는 상전의 수는 열세 곳에 이르며, 이는 등재된 전체 시전 중에서 가장 많은 지점(支店)을 보유한 것이다. 그중에서 유푼전[有分廛]에 해당하는 것이 망문상전(望門床廛, 3), 신상전(新床廛, 2), 묘상전(妙床廛, 2), 동상전(東床廛, 1), 수진상전(壽進床廛, 1)의 다섯 곳이고(괄호 속의 숫자는 푼수를 가리킴), 무푼전[無分廛]에 해당하는 것이 포상전(布床廛), 철상전(鐵床廛), 필상전(筆床廛), 남문상전(南門床廛), 염상전(塩床廛), 정릉동상전(貞陵洞床廛), 구리현상전(九里峴床廛), 지상전(紙床廛)의 여덟 곳이다.

열세 곳의 상전 명칭이 의미하는 바에 대하여 "상전은 망문상전·정릉동상전처럼 점포의 위치에 따라 구분한 것도 있고, 포상전·철상전처럼 취급 상품에 따라 구분한 것도 있었다"라는 주장이 있고(변광석 2001: 29), 이를 답습하여 포상전을 "삼베전"으로 해설한 사례도 있다(국립중앙도서관 2010: 88). 하지만 상전의 명칭이 해당 전의 취급 상품에 의존하였다는 주장에는 아무런 근거가 없다. 포상전에서 삼베[布]를, 철상전에서 쇠[鐵]를 취급하거나 판매하였다기보다는, 포상전은 포전(布廛) 근처에, 철상전은 철물교(鐵物橋) 근처에 있었기에 그러한 명칭이 부여되었다고 보아야 할 것이다. 왜냐하면 포전(布廛)이나 철물전(鐵物廛)과 같이 해당 물종을 취급하는 곳이 엄연히 따로 있었기 때문이다.

이러한 판단에 대한 직접적 근거는 『한경지략』을 통해 확인되는데, 망문상전은 "의금부 망문 앞에 있는 상전(禁府望門前床廛)", 수진상전은 "수진방에 있는 상전(壽進坊床廛)", 포상전은 "포전 앞에 있는 상전(布廛前床廛)", 철상전은 "철물교에 있는 상전(鐵物橋床廛)", 필상전은 "필동에 있는 상전(筆洞床廛)", 남문상전은 "남대문에 있는 상전(南大門床廛)"을 말하며, 구리현상전은 "구리개에 있는 상전(銅峴床廛)"을 가리켰다. 즉, 모든 상전의 명칭은 점포의 위치에 따른 것이었다.

그런데 문외신상전이라는 명칭은 열세 곳 어디에서도 직접적으로 확인되지 않는다. 하지만 '문(門)'과 '신(新)'의 두 자 중 하나가 포함되어 있는 곳으로 압축해보면, 망문상전, 신상전, 남문상전의 세 곳을 후보로 꼽을 수 있다. 그런데 문외신상전인(門外新床廛人) 스스로 "도성 밖에 있"다고 표현하고 있는 데 비하여, 앞서 설명한 것처럼 망문상전의 '망문'

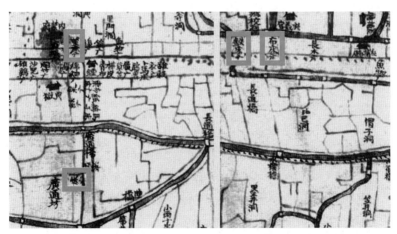

망상전[望床广], 철상전[鐵床广], 포상전[布床广] 등 주요 상전의 위치 (출처: 『청구요람』)

은 의금부의 망문이고, 신상전은 안국방에 있었으므로("新床塵在安國坊", 『동국여지비고』), 남문상전만 남게 된다. 결국 문외신상전은 곧 남문외신상전, 즉 남대문 밖에 있던 '새로 생긴' 상전이었음을 추론할 수 있다.

누국(漏局)은 물시계인 자격루(自擊漏)를 관리하던 곳으로 보루각(報漏閣)이라고도 하였다. 보루각에서 쓸 유리와 자석을 무납(貿納)하게 한 일로 인한 시전상인의 호소에 대해 비변사는 "다른 전에서 이미 구처하였"다고 답하고 있는데, 『시폐』의 제2책과 제3책에는 그런 내용이 보이지 않는다. 그러므로 아마도 현존하지 않는 제1책에서 해당 내용을 다루었을 것이다. 이는 물론 보루각에서의 무리한 요구가 문외신상전에 대해서만 있었던 것이 아님을 의미한다.[1]

『시폐』에서 시전상인의 호소에 대하여 엄금(嚴禁)이나 변통(變通)의 조치를 내리는 기관은 비변사이며, 대상 기관은 주로 한성부(漢城府)나 평시서(平市署)다. 한성부는 서울이라는 '특별한' 행정구역을 담당한 지방 관아이면서 동시에 시전을 관할하는 역할을 하였음이 『경국대전(經國大典)』에 명시되어 있다. 평시서는 조선초기의 경시서(京市署)를 개명한 것으로서, 시전을 단속하고 도량(度量)을 균일하게 하며 물가를 조절하는 등의 일을 맡은 곳이었다.[2] 평시서에는 시안(市案) 또는 전안(廛案)이라고 하는 목록이 있었으며, 여기에 등재되어 있지 않은 가게는 도성 내에서 마음대로 영업할 수 없었다. 하지만 아쉽게도 시안이나 전안이 현존하는 사례는 찾기 어려우며,[3] 각종 연대기를 통해 그 정황을 엿볼 수 있을 뿐이다.

02

혜전 鞋廛

◎ 시전의 상언(上言) 여러 상사(上司)와 각 도감에서 소용(所用)한 뒤에 분토(分土)하는 관례는, 호조(戶曹)에서 물력을 지출하면 공조(工曹)에서 만들어 진배(進排)하는 것입니다. 그런데, 요사이는 여러 상사와 각 도감에서 직접 평시서[本署]에 감결(甘結, 상급 관청에서 하급 관청에 내리는 문서)을 보내고, 이에 평시서에서는 저희 전[本廛]에 체문[帖文]을 내려 근거 없이 진배하게 하며, 잠깐이라도 더디고 느즈러지면 상사와 도감에서 출패(出牌)하여 징계하고 다스리므로 부비가 헤아릴 수 없을 정도이니, 변통하셔서 이를 하지 못하게 막아주시기 바랍니다.

◎ 비변사의 제사(題辭) 여러 곳에서 소용한 뒤에 분토하는 것은, 호조에서 물력을 지출하면 공조에서 만들어 진배하게 하는 것이 정식(定式)인데, 요사이 여러 상사와 각 도감에서 전례 없이 직접 평시서에 감결을 보내어 전인(廛人)으로 하여금 진배하게 하는 것은, 실로 퇴짜를 놓아 뇌물을 요구하려

는[點退索賂] 속셈에서 나온 것이다. 이다음에 직접 감결을 보내는 일이 있으면 평시서에서는 시행하지 말고, 해당 낭청(郎廳)은 경중에 따라 죄를 논하고, 하인배는 법사에 보내어 죄를 다스리도록 하라.

鞋廛

一諸上司各都監所用後分土例自戶曹物力上下
則自工曹造作進排而近來諸上司各都監直爲捧
甘本署則本署仍爲下帖本廛使之白地進排而少
有遲緩則上司都監出牌懲治故浮費無數變通防
塞事
各處所用後分土物力自戶曹上下使工曹造作進排
乃是定式而近來諸上司各都監不有前例直甘平市
使廛人進排者實出於點退索賂之計此後有直捧甘
之事則平市勿爲施行當該郎廳從輕重論罪下屬移
法司科治

❋

『한경지략』에 따르면, 혜전(鞋廛)은 "여러 가지의 가죽신을 파는(賣各色皮鞋)" 곳이었으며, 다른 자료에서는 주로 이전(履廛)이라 하였다. 혜전은 2푼의 국역을 담당하던 유푼전으로, 나막신을 취급한 목혜전(木鞋廛)이나 미투리·짚신을 취급한 승혜전(繩鞋廛) 또는 초혜전(草鞋廛)이 무푼전이었던 것과 대비된다. 이는 당시 서울에서 유통된 신발 중에서 갖신[皮鞋]이 최고급에 속했기 때문일 것이다.[1] 혜전은 여러 곳에 있었지만(在各處), 갖신 중에서도 놋갖신[油釘鞋]은 종루전(鍾樓廛)에서만 팔았다고 한다. 『동국여지비고』에서 이 전이 "청포전의 동쪽에 있"다고 하였는데(在青布廛東), 바로 종루전을 가리킨다.

혜전 시민의 호소에서 핵심이 되는 문제는 진배의 '경로'와 '절차'에 있었다. 첫째, 각처에서 필요한 물건은 예산을 담당한 호조를 경유하여 공조에 속한 장인(匠人)들이 제작하여 올리는 것이 원칙이었다. 하지만 그러한 경로를 무시하고 시전에게 부담을 안겼다는 점이 문제가 된 것

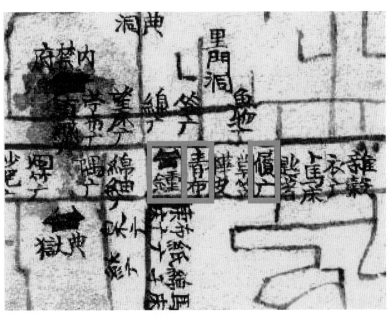

종루[鍾], 청포전[青布], 이전[履广] (출처: 『청구요람』)

이다. 둘째, 경로의 문제는 절차의 문제와도 직결된다. 즉, 각처에서는 평시서에 '직접[直]' 진배를 요구할 권한이 없었다. 하지만 상급 기관에서 하급 기관에 대해 공문서를 발송하는, 즉 감결(甘結)을 내려주는 '봉감(捧甘)'이라는 형식을 통해 압박함으로써, 평시서가 그 하부 조직에 해당하는 각전에 발주서 격인 체문[帖文]을 내려 진배를 강제할 수밖에 없도록 한 것이다. 그러한 진배가 신속히 이루어지지 않았을 때 각처에서 출패(出牌)[2]하여 징치(懲治)한 점 역시 정당한 절차와는 무관하게 일어나는 일이었다. 결국 비변사에서는 그러한 '경로'와 '절차'를 지킬 것을 명령하는 뎨김을 내리고 있다. 이는 시전의 이익을 보호해야 할 평시서가 시전을 침해하려는 권력 기관의 요구에 순응하는 경향이 있었음을 단적으로 보여주는 사례이다.

『시폐』에는 시전상인을 지칭하는 용어로서 '시민(市民)'과 '전인(廛人)'이 자주 등장한다. 요즘에는 도시에서 살고 있는 사람을 시민(citizen)이라고 하지만, 조선시대에는 시전상인을 가리켜 시민이라고 하였다. 공물의 조달을 담당한 공인(貢人)과 아울러 지칭할 때에는 공시인(貢市人)이라고 하였다. 공시인이라는 표현은 단순히 상품의 조달이나 판매에 관계하는 자들이라는 의미를 넘어서, 왕실과 조정에의 조달을 전담함과 동시에 국역(國役)을 담당하는, 국도(國都)의 근간을 이루는 무리를 가리켰다. 다시 말해, 널리 알려진 바와 같이, "도성 안에서 근본이 되는 백성은, 하나는 시전상인[市民]이고, 하나는 공인(貢人)"이었다.[3] 전인이라는 말 역시 단순히 가게를 차려 물건을 파는 사람이 아니라 시전상인, 즉 시전 조직의 일원으로서 평시서에 의해 관리되는 자들을 의미한다.

03

은전전 銀錢廛

◎ 시전의 상언(上言) 가까운 몇 해 동안 무뢰(無賴)하고 권세를 믿는 무리가 배오개 어귀[梨峴屛門], 종루, 서소문 밖 등 세 곳의 요지에 설시(設市)하여 박물전이라 칭하고 은으로 장식한 물건을 임의로 내어놓고 팔기에, 법에 따라 금단(禁斷)하면 도리어 죄를 덮어씌우는 참혹함이 망유기극(罔有紀極, 기율에 어그러짐이 매우 심함)하여, 시전의 생업을 완전히 잃고 앉아서 파산을 기다릴 뿐입니다. 이들 무리를 물리칠 수 없으니, 저희 전도 결코 지탱하여 보존할 수 없습니다. 삼사(三司)로 하여금 있는 사실대로 낱낱이 모두 출금(出禁)하여 추치(推治)하게 하시고, 지니고 있는 물화는 모두 속공(屬公, 관청의 소유로 넘김)하게 하시기 바랍니다. 또 중국 사신을 접대할 때 도청(都廳) 및 군색(軍色)과 미면색(米麪色)에서 거두는 것은 모두 10품(品)의 천은(天銀)으로 하는데, 그 값을 세 곳에서 각기 높거나 낮게 지출하고 일정한 규례가 없어서 낙본(落本, 본전에서 밑짐)이 작지 않습니다. 호조(戶曹)에서 세공은(歲貢銀)

을 가수(加數, 수를 늘림)하는 규례로 말하자면 천은은 십이반(什二半)이고 지은(地銀)은 십이(什二)이므로, 이다음에 지칙(支勅, 중국 사신을 접대함)할 때에는 세 곳의 천은을 호조의 규례에 따라 한결같이 고르게 정식으로 삼아 지출하고, 보존할 수 있게 해주시기 바랍니다.

◎ 비변사의 제사(題辭) 각전의 난전은 실로 시민(市民)이 지탱하기 어려운 폐단이 되었으니, 이른바 박물전은 이제 비로소 만들어진 것으로서 세력 있는 남녀가 서로 뒤섞여서 시상(市上)에 물건을 늘어놓고 임의로 내어놓고 파는데 전에는 유례가 없던 일이니, 엄칙하여 한성부와 평시서에서는 각별히 금단하라. 중국 사신을 접대할 때에는, 여러 가지 진배하는 천은에 대해 관가에서 그 값을 낮추었다 높였다 하여 억울하고 원통함을 호소함이 매우 많으니, 이다음에는 시가[市直]에 따라 값을 쳐줄 것을 호조에 엄칙하라.

　　銀錢廛

一比年以來無賴怙勢之類設市於梨峴屛門鍾樓
西小門外等三處要地稱名博物廛銀飾之物恣意
亂賣故依法禁斷則反噬之慘罔有紀極全失市業
坐待罷散此類不祛則矣廛決不可支保令三司這
這出禁推治而所持之物貨一倂屬公爲白乎旀客
使時都廳及軍色米糒色所納均是十品天銀而價
則三處高低上下不有一定之規落本不小以戶曹
歲貢銀加數之例言之天銀什二半地銀什二此後

支勑三所天銀依戶曹例均一定式上下俾得保存
事

各廛之亂廛實爲市民難支之弊所謂博物廛今始刱
出有勢男女相雜鋪物於市上恣意亂賣前所未有嚴
飭京兆平市各別禁斷至於勑使時各樣進排天銀官
家低昂其價稱寃甚多此後則從市直給價事嚴飭戶
曹

❃

　은전전(銀錢廛)은 『동국문헌비고』에 보이는 은전(銀廛)과 같고, 2푼의
국역을 담당한 유푼전이었다. 명칭으로 보아 은(銀)을 취급하던 전임을
바로 알 수 있다. 하지만 은전의 은물(銀物) 취급 시기와 은물의 범주,
그리고 독점적 공급 여부에 대해서는 재고의 여지가 있다. 변광석(2001:
227)에서는 은전이 1790년에 폐업하였고, "은전이 사실상 소멸되면서
은의 전매권이 면포전에 이속된 것으로 보이며, 이는 19세기의 『만기요
람』이나 『한양가』의 기록에 은물이 면포전의 물종으로 기재되어 있는
데서 확인된다"라고 하면서, "19세기 기록인 『만기요람』·『한양가』·『동
국여지비고』 등에서는 이미 은전이 보이지 않는다"고 한 바 있다.
　하지만 18세기의 은전이나 19세기의 면포전이 각각 은에 관계된 모
든 것을 독점적으로 취급하지는 않았던 것으로 보인다. 18세기의 「폐막
별단(弊瘼別單)」에서 "호조의 천은과 지은을 취련하는 것은 백목전에 맡

겼지만, 은화를 사고파는 한 가지만은 백목전이 함부로 차지할 수 없도록 하실 일입니다"라고 하였고(戶曹天地銀吹鍊委諸白木塵銀貨買賣一款白木塵毋得橫占事), 또 『동국문헌비고』와 『탁지지(度支志)』(1788)에서도 면포전(綿布塵)에 대해 "은자의 판매를 겸하며, 혹은 은목전이라고 칭한다"라고 하였기 때문이다(兼賣銀子或稱銀木塵). 물론 같은 자료에 은전도 등재되어 있었다.

19세기 시전 목록에서 은전이 보이지 않는 이유는 은전이 국자전(麴子塵)¹을 합병하여 은국전(銀麴塵)으로 계승되었기 때문으로 추정할 수 있다. 그 근거로는 두 가지를 들 수 있다. 하나는 18세기 시전 목록의 은전과 19세기 시전 목록의 은국전에 대해 기재되어 있는 국역 부담이 2푼으로 일치한다는 점이고, 다른 하나는 "1781년(정조 5) 은전 상인이 자신들의 경영이 영세하므로 국자전을 다시 설립하여 같이 통합해 줄 것을 요청한 사실"이 지적되고 있다는 점이다(변광석 2001: 226). 그 직후인 1784년의 「산대별단(散貸別單)」에 은국전이 등장하고 있다. 요컨대 18세기에는 은전과 면포전이, 19세기에는 은국전과 면포전이 은의 공급권을 나누어 가지고 있었던 것으로 이해해야 할 것이다.

앞서 문외신상전의 문답에서도 등장하였고 뒤의 도자전 항목에서도 보이듯이, 세력에 의탁한 무뢰배가 설시(設市)할 때 흔히 '박물전'이라 칭하였다. 박물전은 시안 또는 전안에 등재되거나 공인받지 않았으며, 임의로 자칭(自稱)한 것이다. 무뢰배들이 설시한 장소는 기존 시전의 상권에서 벗어난 한적한 곳이 아니라 상업의 요지였다. 은전의 사례에서도 배오개, 종루, 서소문 밖이라는 세 곳에서 무뢰배의 설시가 있었음을 지적하고 있다. 즉 박물전은 새로운 상권(商圈)을 창출하였다기보다는 기존에 들어서 있던 상가(商街)를 따라 펼쳐진 노점 정도에 해당하는 것으로 보아야 할 것이다. "일종의 잡화상"으로서, "이름은 같으나 각각 다른 난전의 상호(商號)"라는 해설도 있다(김영호 1968: 18).

객사지수(客使支需, 사신의 접대를 위해 지급한 물자)로서의 10품 천은은 당시 최고급의 은을 가리킨다. 은은 납[鉛]과의 합금 비율에 따라서 천자문(千字文) 순서에 따라 천은(天銀), 지은(地銀), 현은(玄銀), 황은(黃銀)의 네 등급으로 나뉘었다. 천은은 10품(品), 즉 십성은(十成銀)으로서 100%의 순도를 가지는 것을 말하며, 지은은 구성은(九成銀), 즉 90%의 순도를 가지고, 현은은 팔성은(八成銀)으로 80%의 순도를 가진다. 황은은 칠성은(七成銀)으로 70%의 순도를 가지며, 정은(丁銀)이라고도 하였다. 도청, 군색 및 미면색 등의 세 곳은 영접도감(迎接都監)의 부서를 가리키는데, 은전에서는 영접도감에서 은의 값을 올렸다 내렸다 하며 지급하고 있음을 지적하면서, 천은은 25%[什二半], 지은은 20%[什二]를 가수(加數)하여 값을 치르는 호조의 규례를 따라줄 것을 요청하였다. 이에 비변사에서는 시가에 따를 것[從市直]을 명한 것이다.

면화전 綿花廛

◎ 시전의 상언(上言) 저희 전은 단지 목화솜[綿花] 한 가지를 겨울철 석 달
동안 사고팖으로써 위로는 국역(國役)에 응하고, 아래로는 처자식을 보살
피니, 생계의 잔박(殘薄)이 백각전(百各廛) 중에서 가장 아래입니다. 그런데
각 군문(軍門)의 군병 및 여러 궁가(宮家)와 세가(勢家)의 사나운 하인들[豪奴
悍僕]이 벌이는 난전(亂廛)이 점점 심해져서 시전의 생업을 모조리 빼앗으므
로, 혹 군병 및 세가의 하인을 붙잡아서 법사에 신고하더라도, 그들이 군문
및 세가에 알소(訐訴)하여 시민(市民)을 잡아가면서 결박, 구타, 공갈함이 헤
아릴 수 없이 그치지 않고, 혹은 채찍으로 때리고 속전(贖錢)을 거두니, 피잔
(疲殘)한 시민은 그 어찌 지탱하여 보존하겠습니까? 이들이 침어(侵漁, 백성
을 괴롭히고 못살게 굶)하는 것을 각별히 엄금하여주시기 바랍니다.

◎ 비변사의 제사(題辭) 다른 전에서 이미 금단(禁斷)하였으니, 마찬가지로
시행하라.

◎ 시전의 상언(上言) 조정에서 사사로이 무역하는 것[私貿易]을 엄금하여주셨기에, 시민들이 지탱하여 보존할 수 있었습니다. 지난 3~4년 동안 명을 받들어 사행(使行)할 때에 하졸(下卒)들이 사신 행차를 빙자하여 각전의 물종을 수없이 받아 쓴[上用] 뒤에 발행(發行, 사행 길을 떠남)할 때 비록 값을 치르더라도 낙본(落本)이 아주 많으니, 더욱더 엄칙하셔서 지탱하기 어려운 폐단을 막아주시기 바랍니다.

◎ 비변사의 제사(題辭) 다른 전에서 이미 금단하였으니, 마찬가지로 시행하라.

綿花廛

一矣徒廛只以一種綿花冬三朔買賣上應　國役
下保妻孥生涯之殘薄最下於百各廛而各軍門軍
兵及諸宮家勢家豪奴悍僕亂廛滋甚全奪市業故
或軍兵及勢家奴子執捉告課法司則訐訴于軍門
及勢家捉去市民之際結縛歐打恐喝無數不止或
鞭扑徵贖疲殘市民其何以支保乎此等侵漁之事
各別嚴禁事
他廛已爲禁斷一體施行

一　朝家教是私貿易嚴禁故市民等支保矣三四
年來奉　命使行時下卒輩憑藉使行各廛物種無
數上用後發行時雖給價本落本太多更加嚴飭以
防難支之弊事
他廛已爲禁斷一體施行

면화전(綿花廛)은 목화솜을 취급하던 곳으로 면자전(綿子廛)이라고도
하였다. 목화에서 채취한 실면(實綿) 그대로를 판매한 것은 아니고, 씨
를 제거한 거핵면화(去核綿花)를 판매하였으며("賣去核之木綿", 『한경지략』),
2푼의 국역을 담당한 유푼전이었다. 면화전은 광통교 북쪽에 동서로
늘어서 있었다("在廣通橋北邊東西", 『동국여지비고』).

면화전의 호소에는 군문의 군병이나 궁가 및 세가의 하인이 속전(贖
錢)을 거두었다는 이야기가 나오는데, 본래 속전은 법사(法司)에서 죗값

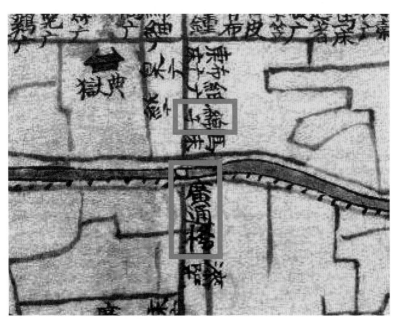

광통교(廣通橋)와 면자전[綿子] (출처: 『청구요람』)

으로 받아가던 것이다. 법사는 법전이 규정하는 태·장·도·유·사(笞杖徒流死)의 5형(五刑)을 집행하기도 했지만, 죄인이 형벌을 받는 대신에 돈[代錢]을 납부하면 해당 형을 면제해주기도 하였다. 이렇게 벌금 조로 납부한 돈을 속전(贖錢)이라 하였으니, 현대의 벌금(罰金)이나 보석금(保釋金)으로 이해할 수도 있다.¹ 하지만 뒤에서 설명하게 될 현방의 속전처럼 사실상 부세화(賦稅化)된 경우도 있었다. 여기에서 면화전에게 거두었다는 속전 역시 세금을 빙자한 늑징(勒徵, 강제로 거두어들임)에 해당한다.

05

상미전 上米廛

◎ 시전의 상언(上言) 군기시(軍器寺)에서 월과미(月課米)를 발매(發賣, 내어 팖)할 때 시가[市直]를 계산하지 않고 내어주기 때문에 낙본이 있습니다.

◎ 비변사의 제사(題辭) 월과미는 그 말수[斗數]를 헤아려 시가에 따라 발매 하는 것인데, 어찌 억울하고 원통함을 호소하는 일이 있는가? 시가를 헤아리 지 않고 높은 값을 강제로 정하여 내어주며 작전(作錢, 동전으로 환산하여 받 는 것)하는 것은 실로 아문에서 할 바가 아니다. 이제부터 이후로는 수효를 헤 아려 내어주고 시가에 따라 작전할 것을 엄칙하고, 만약 따르지 않거든 관원 은 경중에 따라 죄를 논하고, 하인배는 법사에 보내어 죄를 다스리도록 하라.

上米廛

一軍器寺月課米發賣時不計市直出給故有落本

事

月課米計其斗數從市直發賣則豈有稱冤而不計市

直勒定高價出給作錢實非衙門所可爲者自今以後

計數出給從市直作錢事嚴飭而如或不遵則官員從

輕重論罪下屬移法司科治

＊

『동국문헌비고』에 따르면, 싸전[米廛]은 다섯 군데에 있었다. 그중에서 상미전(上米廛, 3), 하미전(下米廛, 3) 및 문외미전(門外米廛, 2)은 유푼전, 서강미전(西江米廛)과 마포미전(麻浦米廛)은 무푼전이었다. 「산대별단」에서 상미전에 남문미전(南門米廛)을 포함하고 있지만, 이는 속칭 남문미계(南門米契)에 해당하는 것이다(이욱 1996). 『시폐』에는 상미전과 서강미전의 호소만이 기록되어 있다. 『동국여지비고』에 따르면, 상미전은 의금부(義禁府)의 서쪽에(在義禁府西), 하미전은 배오개에(在梨峴), 문외미전은 서소문 밖에 있었다(在昭義門外).

『한경지략』에서 "여러 가지 곡식을 판다"고 한 것처럼(賣各穀), 싸전에서 쌀만 판매한 것은 아니었다. 『한양가』에는 상미전이 취급한 다양한 곡물이 열거되어 있다. 따라서 잡곡전 등 유사 물목을 취급한 곳과 마찰이 생기기도 하였다.

상미전좌우가마 십년향식ᄡ하고나
하미즁미극상미며 찹쌀좁쌀기장뽈과

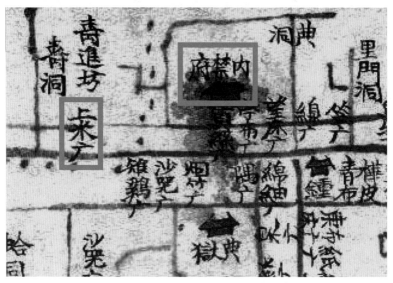

의금부[內禁府]와 상미전[上米厂] (출처: 『청구요람』)

녹두쳥틱젹두팟과 마틱즁틱기름틱라

되를드러즈랑ᄒ니 민무긔싴조흘시고

上米塵 左右 假家 十年餉食 쌓았구나.

下米, 中米, 極上米며 찹쌀, 좁쌀, 기장쌀과

菉豆, 靑太, 赤豆 팥과 馬太, 中太, 기름太라.

되를 들어 자랑하니 民無飢色 좋을시고.

－ 출처: 『한양가』

상미전의 호소를 통해 쌀을 확보한 경로, 즉 군기시(軍器寺)로부터 쌀

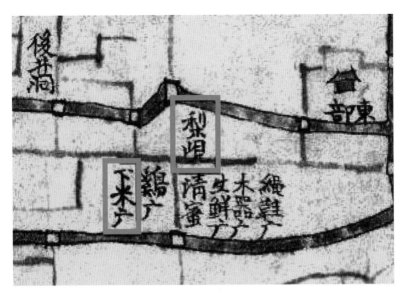

배오개[梨峴]와 하미전[下米厂] (출처: 『청구요람』)

을 구매하게끔 되어 있었음이 확인된다. 군기시에서는 상미전에 쌀을 팔고 그 대가로 돈을 받았는데, 본래 그 값을 시가에 따라 정하게끔 되어 있었지만 임의로 높은 값을 책정하여 강매함으로써 폐단이 발생하였던 것이다. 이는 각처에서 시전에게 고가로 늑매(勒賣, 강제로 떠맡겨 팖)하는 전형적인 수법이었다.

06

의전 衣廛

◎ 시전의 상언(上言) 저희 전이 업으로 삼는 물화는 단지 헌 옷[破衣] 한 가지이며, 생계를 유지하는 물건은 단지 신랑의 관디[冠帶]를 세(貰)주는 것 한 가지[一節]입니다. 요사이 세가에서 혼례를 치를 때 새로 만든 극상품을 책납(責納)하라고 상사(上司)의 사령(使令)이나 의금부의 나장(羅將) 등이 전정(廛井)에 모여 포효(咆哮)하며 소란을 일으키는데, 새 물건은 한계가 있습니다. 그리고 한두 차례 쓰고 나면 대부분 색이 바래버리는데도 모두가 새로 만든 것을 구하려고 출패(出牌)하여 잡아 가두니, 부비(浮費)는 헤아릴 수 없을 정도로 많으며, 응당 주어야 할 셋돈[貰錢]은 가고 오는 하인의 손에서 절반가량 잃어버리게 되거나, 또는 전혀 주지 않는 자도 있으므로, 해마다 부담해야 하는 깁[紗] 값이 적게 잡아도 400~500냥입니다. 이로 인해서 앞뒤의 부채가 누천 냥에 이르렀으니, 이는 실로 잔시(殘市)가 지탱하기 어려운 폐단입니다.

◎ 비변사의 제사(題辭) 이 전[本廛]의 신랑 단령(團領)은 세가에서 반드시 얻어야 하는 것이어서 상사의 하인배가 전인을 위협하는 것은 필히 새로 만든 것을 쓰기 위함이니, 그 폐단의 망유기극(罔有紀極)이 더욱 놀랄 만한 것이다. 단령의 셋값[貰價]을 사령이나 나장 무리가 중간에서 투식(偸食, 도둑질하여 먹음)하는 것 또한 없어지지 않았다. 조정에서 내리는 신칙(申飭)에 지엄하지 않음이 없는데, 오히려 관습을 고치지 않는 것은 더욱 이상스럽고 놀랍다. 이다음에 만약 다시 어기는 자가 있으면 해당 가장(家長)은 경중에 따라 죄를 논하고, 하인배는 법사에 보내어 죄를 다스리도록 하라.

◎ 시전의 상언(上言) 난전이라는 한 조목에 대해서 말하자면, 어느 시전이라고 없겠습니까? 저희 전의 난전은 권세를 믿고 무뢰한 무리가 배오개, 종루, 서소문 밖 등 세 곳의 중요한 길과 번화한 땅에서 여럿이 모여 임의로 내다 팖에 조금도 거리낌이 없습니다. 법에 따라 못하도록 금하여도 도리어 죄를 덮어씌움이 극심하므로, 잔피(殘疲)한 시민이 감히 금단(禁斷)하지 못하고, 두 가지 생업도 스스로 파산할 처지에 몰렸으므로, 어쩔 수 없이 파시(罷市)할 뜻으로 평시서에 애소(哀訴, 슬프게 하소연함)하였는데도 앞뒤 여러 차례 허시(許施, 요청하는 대로 베풀어줌)를 받지 못하여 단지 허시(虛市)를 지키고 있을 뿐이니 오래갈 수 있는 형세가 결코 아닙니다.

◎ 비변사의 제사(題辭) 다른 전에서 이미 금단하였으니, 마찬가지로 시행하라.

衣廛

一矣徒廛所業之貨只是破衣一物而資生之物只
在於新郎冠帶給貰一節近來勢家之婚禮時俱以
新造極品責納上司使令禁府羅將等萃于廛井咆
哮作拏新件有限而一二次經用之後則舉皆渝色
皆求新造出牌捉囚浮費無算是白乎旀應給貰錢
段半失於往來下人之手且有全不給者故年年所
負紗價錢少不下四五百兩因此而前後負債至於
累千兩此實殘市難支之弊事

本廛新郎團領勢家必得上司下屬威脅廛人必使新
造以用其弊罔有紀極尤爲可駭者團領貰價使令羅
將輩中間偸食亦不盡給　朝家申飭非不至嚴猶不
悛習尤極痛駭此後若有復犯者則當該家長從
輕重論罪下屬移法司科治

一至於亂廛一款何市無之而矣廛之亂廛者怙勢
無賴之徒屯聚於梨峴鍾樓西小門外等三處要路
劇地恣意亂賣少無忌憚而依法禁戢則反噬極酷
故殘疲市民不敢禁斷而兩件業自在破歸故不得
不罷市之意哀訴本署者前後累次未蒙許施徒守
虛市決無久長之勢事

他廛已爲禁斷一體施行

의전(衣廛)에서 취급한 물건은 옷[衣]이었다. 『한경지략』에서는 "여러 가지 의복을 판다"고 하였고(賣各衣服), 『동국여지비고』에서는 "남녀가 입는 의복을 판다"고 한 것으로 보아(賣男女所着衣服), 옷을 판매하는 것이 의전의 본업이었음을 알 수 있다. 하지만 『시폐』에서 '헌 옷'을 업으로 삼는다고 한 것으로 보아, 의전에서 옷을 만들어서 팔지는 않은 것으로 추정된다. 의전 역시 다른 전과 마찬가지로 스스로 잔시(殘市)라 칭하고 있지만, 2푼의 국역을 분담한 유푼전의 하나였다. 의전의 위치에 대해서 『한경지략』에서는 "종루에 있다(在鍾樓)"고 하였고, 『동국여지비고』에서는 "잡곡전의 서쪽에 있다(在雜穀廛西)"고 하였는데, 고지도에

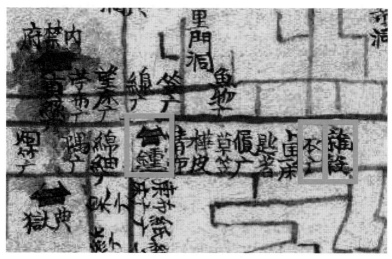

종루[鍾], 의전[衣广], 잡곡전[雜穀] (출처: 『청구요람』)

서는 두 가지 모두 확인되고 있다.

의전의 호소를 통해, 의전 상인이 옷의 판매만으로 생계를 유지하기는 어려웠음을 알 수 있고, 일종의 부업으로 신랑의 단령을 세놓는 사업을 병행하였음이 확인되며, 『비변사등록』 철종 14년(1863) 1월 15일자 기사에서는 이를 "신랑 길복(新郞吉服)"이라 하였다(이주영 2009: 40). 신랑의 단령은 혼례 시에만 잠시 사용하는 것이지만 그 값이 헐하지 않았으므로, 굳이 구입하기보다는 대여하는 쪽으로 서울 사대부가의 문화가 정착해 있었다. 하지만 남이 쓰던 것을 다시 사용하는 데 대한 거부감도 만만치 않아서 "모두가 새로 만든 것을 구하려" 하였다. 여러 시전 중에서 물품의 판매가 아닌 대여를 주업으로 한 '렌탈업(rental business)'의 사례로는 뒤에서 살펴볼 세기전(貰器廛)이 대표적이다.

이주영(2009: 40~41)에서는, 이 외에도 의전이 맡은 국역으로 몇 가지가 더 확인된다. 우선 『길례요람(吉禮要覽)』에 따르면, 의전에서는 왕손(王孫), 공주(公主), 옹주(翁主), 군주(郡主), 현주(縣主) 등의 혼례 시에 집안인(執雁人)이 입는 유문흑단령(有紋黑團領), 은대(銀帶), 오사모(烏紗帽) 등을 마련하였다. 또 왕실의 장례에 사용된 각종 물품을 봉조(縫造)하여 배설(排設)하였는데, 의전인이 직접 하거나 각전 여인으로 하여금 침선(針線)을 하게 하였으며, 발인 날에는 백주갑소악(白紬甲素幄), 백주갑소장(白紬甲素帳), 찬궁사면휘장(欑宮四面揮帳), 백주갑운각(白紬甲雲角), 백주갑벽장(白紬甲壁帳) 등을 철배(撤排), 이배(移排), 소화(燒火)하는 일을 의전이 맡았다.

07

잡곡전 雜穀廛

◎ 시전의 상언(上言) 금위영[禁營]에서 호궤(犒饋, 군사들에게 음식을 주어 위로함)하는 콩 및 군문(軍門)의 동지 팥, 군기시의 잡곡을 무전(貿錢, 물품을 팔아 동전을 사들임)하는 등의 일을 하면서, 만약 그 값이 적당하다면 시민의 도리로서 어찌 원통함을 하소연하겠습니까만, 매번 낙본(落本)하게 되니 이역시 원통하오며, 의금부에서 죄인에게 공궤(供饋, 음식을 줌)하는 팥도 해가 지나도록 진배한 값을 받지 못하였으니, 즉시 지급하여주시기 바랍니다.

◎ 비변사의 제사(題辭) 각 군문에서 호궤하는 콩 및 동지 팥과 군기시에서 작전(作錢)하는 데 모두 낙본이 있어서 전인(廛人)이 억울하고 원통함을 호소하니, 이다음에는 한결같이 시가에 따라 사고팔 것을 엄칙하라. 만약 예전의 관습을 다시 따른다면 해당 관원은 경중에 따라 죄를 논하고, 하인배는 법사에 보내어 죄를 다스리도록 하라. 의금부에서 죄인에게 공궤하는 팥의 값을 해를 넘겨 치르지 않는 것도 마땅히 억울하고 원통함을 호소하는 까

닭이 되니, 속히 지급할 것을 호조에 엄칙하라.

　　雜穀廛

　　一禁營犒饋太及軍門冬至赤豆軍器寺雜穀貿錢

　　等事如有適當其價則市民之道豈敢呼冤而每致

　　落本此亦冤痛是乎旀禁府罪人供饋赤豆經年進

　　排不得受價卽爲上下事

　　各軍門犒饋太及冬至豆軍器寺作錢皆有落本爲廛

　　人稱冤此後則一從市直買賣事嚴飭若復踵前習則

　　當該官員從輕重論罪下屬移法司科治禁府罪人供

　　饋豆經年不給價宜有稱冤之端斯速上下事嚴飭戶

　　曹

❋

　잡곡전(雜穀廛)은 말 그대로 잡곡을 파는 곳으로서, 3푼의 국역을 분담한 유푼전이었다. 잡곡전의 위치는 의전(衣廛) 항목에서 소개한 『청구요람』을 통해 확인한 바 있다. 『동국여지비고』에서는 보다 자세하게 "철물교 서쪽에 남북으로 늘어서 있다"고 하였는데(在鐵物橋西邊南北), 대로의 북쪽으로 뻗어 있었음은 하버드-옌칭도서관에 소장된 『한성전도(漢城全圖)』를 통해서 확인된다.

　잡곡전에서 정부나 왕실에 조달한 대표적인 잡곡은 콩[太], 팥[赤豆],

잡곡전[雜㑒] (출처: 『한성전도』)

녹두(菉豆) 등이었지만(조영준 2008), 싸전에서 잡곡을 취급한 것과 마찬가지로 잡곡전에서도 쌀을 취급하였다. 이는 각종 연대기에서 확인되는 잡곡전과 싸전 간의 분쟁을 통해 확인된다(이욱 1996). 『동국여지비고』에서 "남문 내의 싸전 도가는 수각교의 서쪽에 있는데, 한 달에 40냥을 잡곡전에 납세한다(南門內米廛都家在水閣橋西一朔納稅四十兩于雜穀廛)"라고 한 것은 싸전과 잡곡전 간에 발생한 갈등의 조정이 수세권(收稅權)이라는 형태로 귀결되고 있음을 보여준다.

『시폐』에 기록된 잡곡전의 호소로부터, 잡곡전이 군영이나 아문과의 관계에서 놓여 있던 양 방향의 경로가 확인된다. 금위영이나 군문에는 콩이나 팥을 공급한 반면, 군기시로부터는 잡곡을 사들였다. 금위영이나 군문에서는 대가를 적게 치러주고, 군기시에서는 높은 값으로 강매하는 이중의 부담이 잡곡전에 작용하였기에 이와 같은 호소를 하기에 이른 것이다. 역시 시가에 따라[從市直] 거래하지 않은 점이 가장 근본적인 문제로 거론되고 있으며, 지급의 연체 역시 고민거리가 되었다.

인석전茵席廛

◎ 시전의 상언(上言) 저희 전은 본래 지잔(至殘)하여 백각전 중에서 가장 말단에 있고, 취급하는 물종도 두서너 개에 불과하므로, 여러 곳의 사무(私貿, 공식적인 조달 경로를 통하지 않고 사사로이 무역하는 것)가 최근의 조령(朝令)으로 인해 잠시 그쳤습니다. 그런데 성균관에 대해서 말하자면, 시가의 고하를 막론하고 싼값에 억지로 시켜서 가져다 쓰는데, 혹시 조금이라도 지체하게 되면 때때로 붙잡아 가거나 침어(侵漁)함이 특히 심합니다. 또 애오개[阿峴]에서 거생(居生)하는 군졸이 교동도(喬洞島)와 강화도의 목구멍[咽喉] 같은 길에 머무르며 몰래 사들여 문밖과 문안에 쌓아두고 마치 설시(設市)한 것처럼 임의로 난매하니, 고잔(孤殘)한 시민은 금단(禁斷)할 길이 만무합니다. 한성부에서 금리(禁吏)를 바로 보내 추착(推捉, 수색하여 붙잡아 옴)하고 엄중히 다스리셔서 (저희가) 보존하여 응역(應役, 국역의 일에 응함)할 수 있게 해주시기 바랍니다.

◎ 비변사의 제사(題辭) 각전 중에서 이 전[此廛]이 가장 잔박(殘薄)한데도, 성균관에서 억지로 헐값을 주고 임의로 가져다 쓰는 것은 지극히 부당하다. 이다음에는 한결같이 시가에 따라[從市直] 사고팔되, 만약 예전의 관습을 다시 따른다면 해당 관원은 경중에 따라 죄를 논하고, 하인배는 법사에 보내어 죄를 다스리도록 하라. 여러 상사(上司)와 각 궁가에서 비록 조령으로 인하여 잠시 횡침하지 않는다고 할지라도, 뒷날에 폐단이 없을 것을 어찌 알 수 있겠는가? 아울러 엄칙할 것을 정식으로 삼아 시행하고, 난전에 관한 일은 다른 전에서 이미 금단하였으니, 마찬가지로 시행하라.

　　茵席廛

　一矣徒廛本以至殘最在百各廛之末物種不過數

　三故諸處私貿頃因　朝令姑爲寢息而至於成均

　館毋論市價之高歇以廉價勒令取用而少或遲滯

　則種種捉去侵漁特甚且阿峴居生軍卒居在喬洞

　江華咽喉之路潛買積置門外門內有若設市恣意

　亂賣而孤殘市民萬無禁斷之路自漢城府直出禁

　吏推捉嚴治以爲保存應役之地事

各廛中此廛至殘而成均館勒給廉價任意取用已極

不當此後一從市直買賣若復踵前習則當該官員從

輕重論罪下屬移法司科治而諸上司各宮家雖因

朝令姑不橫侵安知日後無弊乎并爲嚴飭事定式施

行亂廛事他廛已爲禁斷一體施行

인석전(茵席廛)은 돗자리[茵席]를 취급하던 곳으로, 1푼의 국역을 분담한 유푼전이었다.『한경지략』에서는 "등메와 안식 등의 물건을 판다"고 하였는데(賣龍鬚席案息等物), 등메[龍鬚席]는 골풀[燈心草 또는 龍鬚草]로 만든 돗자리를, 안식(案息)은 앉을 때 몸을 기대는 방석인 안석(案席)을 가리킨다. 인석전이 자리한 위치는 수진방(壽進坊)의 수진동(壽進洞) 입구 서쪽이었다("在壽進洞口西",『동국여지비고』).

애오개의 군졸배가 머무르며 잠매(潛買)를 일삼던 곳이 어디인지 정확하게 알 수는 없지만,『대동여지도(大東輿地圖)』에서 보는 바와 같이 교동도와 강화도에서 한성부로 연결되는 곳 어딘가였을 것으로 짐작된다.

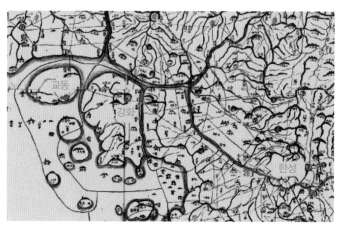

교동도, 강화도, 한성부 (출처:『대동여지도』)

서울로 들어오고자 하는 선박들이 거쳐 갈 수밖에 없는 요지에서 이익을 노리는 무리가 물화의 매집을 기도하였던 것이다. 교동도는 인석전이 대표적으로 취급한 물종인 등메의 산지로 특히 유명했던 곳이다.

진사전眞絲廛

◎ 시전의 상언(上言) 군기시에서 동개[筒箇]의 색실을 번번이 가져다 쓰면서 무상시로 책납하게 하여, 전인(廛人)이 사방으로 흩어졌습니다. 얻기 어려워도 많은 비용을 들여 가까스로 바치지만, 몇 달이 지난 후에 비록 그 값을 주더라도 낙본이 너무 많습니다.

◎ 비변사의 제사(題辭) 동개에 쓰는 색실을 군기시[本寺]에서 사서 쓸 때에는 한결같이 시가에 따라 값을 치르도록 군기시에 엄칙하라.

◎ 시전의 상언(上言) 각전에서 난전의 폐단은 실로 시민(市民)이 생업을 잃는 원인이 되고 있습니다. 난전의 무리는 모두가 군문의 군사(軍士)이니 만약 혹시라도 금단(禁斷)하면 군문에서 착치(捉致, 붙잡아 감)하여 중곤(重棍, 곤장 중에서 가장 큰 것)으로 다스리기 때문에 감히 항형(抗衡, 지지 않고 맞섬)할 수가 없습니다. 그들로 하여금 임의로 난매하게 하면, 이른바 전인은

단지 전기(廛基, 시전의 영업 구역)만 지키면서 국역에 응할 뿐이어서 파시(罷市)하여 뿔뿔이 헤어지게 되는 폐단이 아침저녁으로 닥치게 될 것입니다. 변통의 은덕을 받기를 바랍니다.

◎ 비변사의 제사(題辭) 다른 전에서 이미 금단하였으니, 마찬가지로 시행하라.

眞絲廛

一軍器寺筒箇色絲每每取用而無時責納故廛人

四散艱得多費僅納過數朔後雖給其價落本太多

事

筒箇所用色絲自本寺▨▨▨▨▨▨▨▨▨▨▨

▨貿用▨▨▨▨▨▨▨▨▨▨▨▨▨

▨一從市直給價事嚴飭本寺▨▨▨▨▨▨

▨▨▨▨▨▨▨▨▨▨▨▨▨

一各廛亂廛之弊實爲市民失業之崇而亂廛之類

皆是軍門軍士若或禁斷則自軍門捉致重棍故不

敢抗衡使渠恣意亂賣所謂廛人只守廛基徒應

國役罷市渙散之弊迫在朝夕冀蒙變通之澤事

他廛已爲禁斷一體施行

진사전(眞絲廛)은 실이나 끈을 취급하던 곳으로, 1푼의 국역을 분담한 유푼전이었다. "여러 가지 중국 실[唐絲]과 토산 실[鄕絲] 및 갓끈[纓], 띠[帶], 끈[組紃] 등을 팔"았다고 한다("賣各色唐鄕絲及纓帶組紃之屬", 『한경지략』). 의금부 옆에 있었는데, 『동국여지비고』에서는 "의금부 문밖의 동쪽에 있었다"고 구체적으로 기술하였다(在義禁府門外東).

활집[弓帒]과 화살집[矢帒]을 연결하는 동개(색칠한 부분)
(출처: 『세종실록(世宗實錄)』의 「오례(五禮)」)

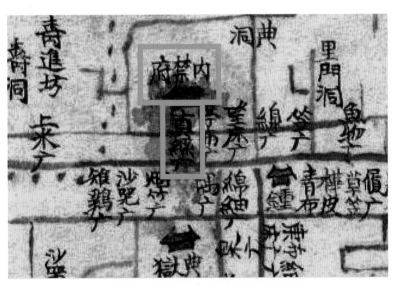

의금부[內禁府]와 진사전[眞絲广] (출처: 『청구요람』)

동개[筒箇]란 활집과 화살집을 연결하여 어깨나 등에 메고 다닐 수 있게 한 것을 가리킨다.

우전 牛廛

◎ 시전의 상언(上言) 저희 전은 곧 백시(百市)의 말단으로서, 폐단 역시 백시 중에서 으뜸입니다. 사복시(司僕寺)에서 소장(所掌)하는 젖소와 송아지, 모두 합해서 36마리[隻]를 해마다 늦가을에 저희 전으로 하여금 담당하여 무납(貿納)하게 하면서, 첨가(添價, 더 보탠 값)라고 칭하며 단지 돈 90냥을 줄 뿐입니다. 젖소 값은 여러 농우(農牛)에 비하여 몇 곱절이나 될 뿐만 아니라, 요사이 우역(牛疫)이 대치(大熾, 기세가 아주 성함)하여, 오늘 사서 마련해도 내일 병으로 죽고, 혹은 송아지가 죽어버려, 지난해에 이르기까지 젖소가 죽어서 다시 마련한 경우가 매우 많아서, 공사(公私)의 빚이 누천 금에 이르렀습니다. 또 갑자년(1744)에 파시(罷市)를 복설(復設)할 때, 조정에서 이러한 폐단을 염려하여 사복시[太僕]로 하여금 잘 헤아려서 가급(加給, 정액 외에 돈을 더 줌)할 것을 정탈(定奪, 임금이 재결함)하였는데, 사복시[本寺]에서는 15년을 기한으로 하여 단지 열네 마리만을 주었고, 둔우(屯牛, 둔토를 경작

하는 소)는 곧 대가 없이 사서 마련하게 하였습니다. 사복시에서는 비록 당초의 본가(本價)로 내어주는 일이 있다고 하지만, 저희 전은 원래 동전[錢]과 삼베[布] 간의 치부(置簿, 거래 기록)가 없으니, 이 어찌 근거 없이 책립(責立)하는 것과 다르겠습니까? 기로소(耆老所)에 해마다 젖소 다섯 마리를 무납하는 것도 당초에는 한 마리의 값으로 단지 돈 30냥을 주면서도 그 낙본되는 바가 헤아릴 수 없을 정도였으므로, 합해서 계산해보면 그 수가 매우 많습니다. 병진년(1736)에 옛 시인(市人)이 도타(逃躱, 몰래 달아나 숨음)하고 파시(罷市)하였으므로, 삼군문(三軍門)의 군병이 서로 모여 갑자년에 이르기까지 설시(設市)하였고, 또 지탱하여 견디지 못하고 그 전을 파한 것도 참으로 이 두 가지 폐단 때문입니다. 오래된 전을 지금 갑자기 파할 수는 없으니, 오직 이 젖소를 무납할 때 낙본이 생기는 폐단만은 오히려 다시 전과 같이 잘 변통해주시기 바랍니다.

◎ 비변사의 제사(題辭) 젖소 열여덟 마리를 송아지와 아우르면 서른여섯 마리가 되는데, 사복시에서 당초에 값을 치른 것이 몇 해나 오래되었는지는 알지 못하지만, 단지 첨가를 주고 진배하게 하였고, 그사이 우전은 그 사람이 여러 번 바뀌었고, 지급한 소 값은 하나도 남아 있지 않으니, 근거 없이 진배하여 원통하다 하소연함이 하늘에 사무친다. 사복시의 문서에는 필히 소 값 지출을 해마다 헤아려두었을 터이니 그 햇수가 만약 30년을 넘었다면, 다시 값을 치르게 하는 것이 사리에 당연하다. 기로소의 젖소 다섯 마리도 송아지와 아우르면 열 마리인데 당초에 열 마리의 값을 30냥으로 마련하여 이미 지극히 부족하였는데도, 그 후에 하나도 첨가하지 않았으니 사리가 극히 부당하다. 이다음에는 반드시 2~3년마다 참작하여 첨가를 내어주

는 것이 마땅하니, 이를 기로소와 사복시에 분부하라.

◎ 시전의 상언(上言) 경중(京中)의 호방하고 사나운 하인들과 무뢰배가 작당하여 여러 상인이 왕래하는 길에 길게 늘어서서 상인들이 소지한 여러 물건을 임의로 매취(買取)하며 방곡(坊曲)에서 내어 팔았기에 삼사(三司)에서 엄금하였는데, 10여 년 전부터 송파(松坡)의 창고에 모여서 사사로이 장시(場市)를 개설하고 양남(兩南)과 강원 등의 여러 상인을 끌어모아 사고팔았기 때문에, 도성 안의 시전상인들은 빈터만 지키고 앉아 있습니다. 무뢰배는 또 물종을 옮겨 와서 경시(京市)에서 사고팔아 그 이익을 거듭 차지하니, 송파장을 파하지 않으면 서울 시전의 상인들은 장차 어떻게 의지하여 역에 응하고 재산을 지키겠습니까? 시급히 송파장을 파하고, 서울 시전을 지키도록 하여주시기 바랍니다.

◎ 비변사의 제사(題辭) 송파장은 다른 전에서 호소한 바에 따라 비변사에서 광주부(廣州府)에 관문(關文)을 보내어 이미 혁파하였다.

　　　牛廛

　一矣廛卽百市之末而弊則乃百市之最也太僕所

　掌駝駱乳牛兒犢幷計三十六隻每年季秋使矣廛

　擔當貿納而稱以添價只給九十兩錢乳牛之價比

　諸農牛非但倍蓰近來牛疫大熾今日貿立明日病

　退或因兒犢之致斃而退其乳牛至于上年而改立

　者甚多公私之債至於累千金而且甲子年罷市復

設時　朝家爲慮此弊令太僕量宜加給事定奪而
本寺以十五年爲限只給十四隻屯牛便是無價貿
立者也本寺雖云有當初本價出給之事矣廛則元
無錢布間置簿則此何異白地責立是白乎㫆耆老
所駝駱乳牛每年貿納五隻而當初一隻之價只給
錢三十兩其所落本不貲故合以算之其數甚多丙
辰舊市人逃躱罷市故三軍門軍兵相聚設市至于
甲子年又不能支堪罷其廛者良由此二弊也久廛
今不可猝罷而惟此乳牛貿納落本之弊猶復如前
善爲變通事

駝駱牛十八隻並兒犢則爲三十六隻而司僕當初給
價未知幾年之久而只給添價使之進排其間牛廛屢
易其人而所給牛價無一遺在則虛地進排呼寃徹天
司僕文書必有牛價上下之年計其年數若過三十年
則更令給價事理卽然耆老所駝酪牛五隻並兒犢十
隻當初十隻價以三十兩磨鍊已極不足其後一不添
價則事極不當此後卽必於二三年之間參酌出給添
價宜當以此分付耆老所司僕寺

一京中豪悍奴僕無賴輩作黨長立於百商往來之
路所持各物恣意買取亂賣坊曲故三司嚴禁則十
餘年來屯聚松坡倉私設場市兩南江原等百商誘
聚買賣故都下市民坐守空基無賴輩又轉輸物種

66

買賣京市疊食其利松坡場不罷則都市之民將何

所賴而應役保産哉亟罷松坡場俾保都市事

松坡場因他廛所訴自備局發關廣州府已爲革罷

❀

　우전(牛廛)은 소[生牛]를 취급하던 곳으로, 1푼의 국역을 분담한 유푼
전이었다. 『동국여지비고』에서 "우전과 마전의 두 전은 모두 태평교의
남안에 있다"고 하였는데(牛廛馬廛兩廛幷在太平橋南岸), 태평교(太平橋)는

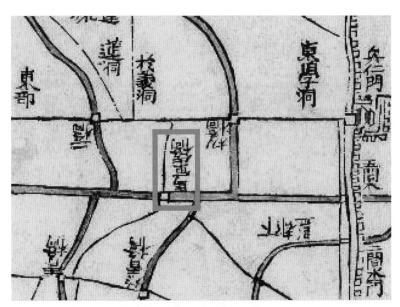

마전교(馬廛橋). 우측(동쪽)에 동대문[興仁門], 오간수문[五間水], 이간수문[二間水門]이 보인다.
(출처: 『대동여지도』)

마전교(馬廛橋)라고도 하며, 그 위치는 여러 고지도에서 쉽게 확인된다. 시전이 밀집해 있던 종루, 배오개, 서소문 밖 등의 요지가 아닌, 동대문 안쪽에 있었다는 점에서 다른 전과 차이가 있다.

사복시(司僕寺)는 태복(太僕)이라고도 하였으며, 수레, 말, 마구간, 목장 등의 일을 맡아보던 곳이었다.[1] 『시폐』에는 나오지 않지만 짐승과 관련된 아문(衙門)으로는 사복시 외에도 전생서(典牲署)와 사축서(司畜署)가 있었다. 전생서에서는 제물(祭物), 즉 희생(犧牲)을 기르는 일을 담당하였고[2], 사축서에서는 잡다한 가축을 사육하는 일을 담당하였다.[3]

기로소(耆老所)는 기사(耆社)라고도 하였으며, 나이 70세 이상의 고위 관직자를 우대하기 위해 만든 관청이다. 삼군문(三軍門)이란 오군영(五軍營) 중에서 총융청(摠戎廳)과 수어청(守禦廳)을 제외한, 훈련도감(訓鍊都監), 금위영(禁衛營), 어영청(御營廳)을 가리키며, 훈금어삼영(訓禁御三營)

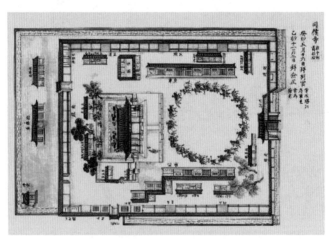

사복시(司僕寺) (출처: 『숙천제아도(宿踐諸衙圖)』)

이라고도 하였다. 사복시와 기로소는 우전의 진배 대상이지만, 제대로 값을 받지 못한 것이 고민거리였고, 삼군문의 군병은 설시를 통해 우전의 생업을 침범하고 있었기에 역시 폐단이 되고 있었다. 비변사에서는 기로소와 사복시에 분부하여 값을 제대로 치르게끔 조치하고 있다.

우전은 소를 파는 곳이지만, 『시폐』의 기사를 통해 새끼를 낳은 어미소, 즉 암소를 송아지와 함께 사복시나 기로소에 진배하였음을 알 수 있다. 이는 전적으로 우유와 그 가공품의 확보 때문이었을 것으로 추정된다. 당시 조선에는 지금처럼 홀스타인 젖소가 도입되어 있지 않았기 때문에 새끼를 낳은 소에게서만 젖을 구할 수 있었고, 이에 우유는 일상적으로 소비할 수 있는 음식이 아니었다. 『시폐』에 나오는 타락젖소[駝駱乳牛]는 우유 또는 유락(乳酪)의 공급원으로서 기능하였고, 내의원이나 기로소에서 음식이 아닌 약재(藥材)로서의 타락죽(駝駱粥)을 확보하는 데 긴요한 수단이 되었다. 이와 관련한 영조조의 연대기 기사를 소개해둔다.

임금이 주강(晝講)에 나아갔다. 절후는 조금 이르나 봄갈이가 멀지 않았기 때문에 내의원 및 기로소에서 봉진하는 낙죽(酪粥)을 정지하라 명하고, 그 어미소도 송아지와 함께 곧 놓아주게 하였다. 또 하교하기를, "나라는 백성을 의지하고 백성은 농사에 의지하는데, 농사에 가장 긴요한 것은 소다"라고 하면서 이어서 장면(蔣冕)의 노우시(老牛詩)를 외우고 나서 말하기를, "소는 사람을 위하여 일생 동안 근로하였음에도 사람은 그 노고는 알아주지 않고 도살하니, 이것이 과연 인술(仁術)인가? 일찍이 듣건대 어떤 고상(故相)이 소의 도살을 금지했기 때문에 그 고기를 먹지 않았다고 한다. 옛날에는 여러 신하에게 선온(宣醞)함에 있어 쇠고기는 차리지 않았다. 내가 내반원(內班院)에서 해마다 도살하는 것을 금지한 것과 봄마다 입직(入直)하는 군사에게 호궤(犒饋)함에 있어 으레 네 필의 소를 잡았는데, 요즘 모두 폐지시킨 것도 이러한 뜻이다." 하고, 드디어 이 명령이 있게 되었다.[4]

동상전東床塵

◎ 시전의 상언(上言) 휘양[揮項]이라는 물종은 저희 상전(床塵)에 분명히 등재되어 있는데, 공조(工曹)의 모의장(毛衣匠) 무리가 그들의 손으로 만든 물건이라 칭하며 공조에 알소(訐訴)하여 저희 전인을 추착(推捉)하며 가끔 치죄(治罪)하였습니다. 그래서 계묘년(1723)에 모의장들의 이치에 어긋나고 못된 행실을 부리는 폐단을 모두 금단(禁斷)하도록 평시서에서 공조로 이문(移文)하였을 뿐만 아니라, 각 군문의 모의장들에게 저희 전을 침범하지 못하게 할 것을 정장(呈狀, 관청에 소장을 올림)하여 변통하였으나, 장수들이 무뢰배를 불러 모아 여객주인의 집 및 종루 길거리를 오가며 푼세전[分稅錢]을 겁봉(劫捧)하였습니다. 저희들은 본래 잔전(殘塵)으로 이익은 작고 역은 무거워 보존할 수 없었던 가운데, 또 경오년(1750)에 화재를 맞아 공사(公私)의 물종과 모든 방(房)이 다 타버려 많은 사람이 생업을 잃고 힘이 다하여 패한 나머지, 평소에 주관하던 휘양이라는 물종을 임의로 사고팔 수 없게 되었습

니다. 이는 실로 저희 전의 견뎌내기 어렵고 고치기 힘든 폐단입니다. 지금 부터 이후에는 휘양 한 가지는 전과 같이 전관(專管)하여 사고팔고, 해당 관청과 각 영문에 절대 침책(侵責)하지 말라는 뜻을 엄칙하는 감결을 보내주시기 바랍니다.

◎ 비변사의 제사(題辭) 상전은 휘양이 시안에 등재되어 있어 계속 발매(發賣)하며 자생(資生)하여왔는데, 공조 및 각 군문의 모의장이 손으로 만든 것이라며 무뢰배와 체결(締結)하여 길거리에 내다팔고 푼세를 겁봉하였고, 이것이 이 전[本廛]의 폐단이 되었다. 길거리에서 손에 쥐고 서서 파는 것은 유래가 이미 오래되어 일일이 금지하기 어려운 형세이다. 푼세에 대해 말하자면, 이 전이 마땅히 받아야 하는 것이니, 이다음에 장수배(匠手輩)가 만약 전과 같이 거둔다면 각별히 금단할 것을 공조, 각 군문, 한성부, 평시서에 분부하라.

◎ 시전의 상언(上言) 각전이 지탱하기 어려운 폐단은 모두 사사로이 사들이는 데서 연유하는 것이며, 지난 정묘년(1747)에 의정부에서 엄칙하셨기에 침책(侵責)하는 폐단이 차츰 없어져, 근근이 보존하였습니다. 몇 해 전부터 금령이 해이해져 오래된 폐단이 점차 극에 달하였으니, 다시 엄칙하여 보존할 수 있게 해주시기 바랍니다.

◎ 비변사의 제사(題辭) 다른 전에서 이미 금단하였으니, 마찬가지로 시행하라.

◎ 시전의 상언(上言) 사행(使行)할 때에 여러 가지로 사사롭게 사들이는 것

은 정묘년에 엄칙하신 이후로 책납하는 바가 없었습니다만, 요 몇 해 전부터 전과 같이 내놓으라고 요구하고 있으니 다시 신칙하여주시기 바랍니다.

◎ 비변사의 제사(題辭) 다른 전에서 이미 금단하였으니, 마찬가지로 시행하라.

　東床廛

一揮項物種昭載於矣床廛而工曹毛衣匠輩稱以
渠等手造之物計訴本曹推捉矣廛人種種治罪故
癸卯年分毛衣匠等非理作梗之弊一切禁斷事自
本署移文工曹兺不喩各軍門毛衣匠等處勿侵矣
廛事呈狀變通而匠手輩募聚無賴輩來往旅客主
人家及鍾樓街上劫捧分稅錢矣等本以殘廛利小
役重不能保存之中又値庚午年火災公私物種全
房燒爐多人失業殘敗之餘素主管揮項物種不得
任意買賣此實矣廛難堪之痼弊今後則揮項一節
依前專管買賣而該曹各營門良中切勿侵責之意
嚴飭捧甘事
床廛揮項載於市案連爲發賣資生而工曹及各軍門
毛衣匠稱以手造締結無賴輩亂賣街上劫捧分稅此
爲本廛之弊而手持立賣於街上其來已久勢難一一
禁止至於分稅則本廛當捧此後匠手輩若依前捧之
則各別禁斷事分付工曹各軍門漢城府平市署

一各廛難支之弊都緣私貿而去丁卯年自廟堂嚴

飭稍無侵責之弊菫菫保存矣數年以來禁令解弛

宿弊漸極更加嚴飭俾得保存事

他廛已爲禁斷一體施行

一使行時各樣私貿丁卯年嚴飭之後無所責納矣

近年以來徵求如前更加申飭事

他廛已爲禁斷一體施行

❄

동상전(東床廛)은 종루의 남쪽에 있었으며("在鍾樓南", 『동국여지비고』), 지도에서도 쉽게 확인된다.

휘양은 머리에서 어깨까지 덮는 방한장구(防寒裝具)로, 목덜미[項]까지 두른다[揮]는 의미에서 한자로는 휘항(揮項)이라 하였다. 귀까지만 덮을

수 있었던 이엄(耳掩)과 더불어 모피를 활용한 대표적 방한모였다. 휘양의 주요 재료 중의 하나가 모피였기 때문에 공조(工曹)의 갖옷 장인[毛衣匠]이 만드는 경우가 많았고, 이들이 자신의 손으로 직접 만들었다[手造之物]는 이유로 판매의 명분을 추구하기에 이른 것이다.

휘양 (출처: 한국민족문화대백과)

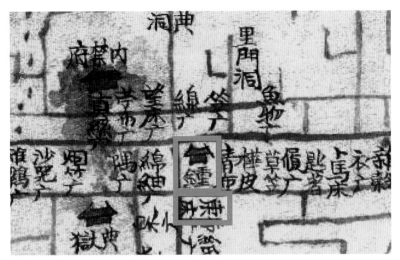

종루[鍾]와 동상전[東床] (출처: 『청구요람』)

전형적인 상인과 수공업자 간의 대립 양상이다.[1]

여기서 푼세[分稅]라는 용어가 등장하는데, 푼세는 도중이 조직 내외에서 거래 상품의 물량에 따라 부과한 일종의 수수료에 해당한다.[2] 개별 상인이 자신이 사용한 점포의 임대료로 내는 방세(房稅)도 있었다. 또 시전 도중이 평시서에 납부하는 것은 전세(廛稅)라 하였다(변광석 2001: 73).

12

묘상전 妙床廛

◎ 시전의 상언(上言) 능행(陵幸)하실 때에 사복시의 거딜[巨達]에게 공급해
야 하는 허다한 입식(笠飾)은 공조에서 진배하는데, 저희 전에게서 징수하면
서 비록 사용한 후에 돌려주겠다고 하지만 끝내 흐지부지 잃어버리고 마는
폐단이 있습니다.

◎ 비변사의 제사(題辭) 상전(床廛)에서 이전부터 입식을 진배하였으니, 지
금 새로운 규정을 만들 수는 없다. 사복시와 공조에서 각별히 추급(推給)할
것을 공조와 평시서에 분부하라.

◎ 시전의 상언(上言) 각사에서 황모(黃毛)를 해마다 침책(侵責)하므로, 부비
를 막는 동안 폐단이 많습니다.

◎ 비변사의 제사(題辭) 각사에서 황모를 사서 쓸 때에 전인(廛人)에게 억지
로 진배하게 하고 마음대로 부리며 퇴짜를 놓으니 부비가 매우 많다. 이제

부터 이후로는 시가에 따라 값을 치르고 사서 쓰게 하고, 만약 전과 같이 폐를 끼치는 자가 있으면 해당 낭청은 경중에 따라 죄를 논하고, 하인배는 법사에 보내어 죄를 다스리도록 하라.

妙床廛

一　陵幸時太僕巨達所給許多笠飾工曹進排爲
乎矣徵捧於矣廛雖云用後還下終未免闕失之弊
事
床廛自前進排笠飾則今不可刱出新規▨▨▨▨▨▨
▨▨▨▨▨▨▨▨自司僕工曹各別推▨▨給
事分付工曹平市署

一各司黃毛年年侵責故浮費防塞間爲弊多端事
各司貿用黃毛時勒令廛人進排而操縱點退浮費甚
多自今以後從市直給價使之貿用而若有如前貽弊
者則當該郎廳從輕重論罪下屬移法司科治

✿

　18세기에 열세 곳으로 파악되었던 상전이 19세기에 들어서면 열두 곳으로 파악되고 있는데, 이는 『만기요람(萬機要覽)』 및 『한경지략』에서도 확인된다. 이렇게 19세기로 접어들면서 분리된 한 곳의 상전은 다름 아닌 묘상전(妙床廛)이었다. 묘상전은 19세기 자료에서는 거의 보이

입식으로 장식한 갓을 쓴 견마배
(출처: 『원행을묘정리의궤(園行乙卯整理儀軌)』)

지 않고, 일부 자료에서는 십이상전 (十二床廛)과 별도로 묘상전(廟床廛)으로 표기되어 있다. 묘상전의 위치에 대해서는 믿을 만한 정보를 찾기 어렵다.

거딜[巨達]은 사복시에서 말과 관련된 업무를 맡아보던 종 7품의 잡직을 가리킨다.[1] 견마배(牽馬陪) 또는 견마부(牽馬夫)라고 하며, 여기서의 능행과 같이 임금이 나들이할 때에 말을 이끄는 일을 담당하였다. 입식이란 이들이 착용한 복장인 융복(戎服)의 갓[冠]에 갖추었던 장식을 가리킨다. 공작우(孔雀羽), 호수(虎鬚) 및 세죽(細竹)이 대표적이다.

13

내시조전 內匙召廛

◎ 시전의 상언(上言) 영문(營門)에서 설죽(設粥)할 때 옛날에는 시전에서 숟
가락을 진배하는 일이 없었습니다. 요사이 영문에서 불시에 설죽하면서 갑
자기 저희 전[矣廛]으로 하여금 소요되는 바에 따라 놋숟가락을 진배하게 하
여, 감히 거역할 수가 없어서 말없이 진배하였는데, 그 추심(推尋)한 수효의
절반이 넘게 잃어버렸습니다. 이는 곧 대가 없는 역(役)으로서 공연(公然)히
잃어버린 것이니, 어찌 원통하고 억울하지 않겠습니까? 특별히 변통하여주
시기 바랍니다.

◎ 비변사의 제사(題辭) 거둥[擧動]할 때 밤을 새우게 되면, 군문에서는 설죽
을 해서 군졸들에게 호궤하는데, 소용(所用)되는 숟가락을 전인으로 하여금
강제로 진배하게 하는 것은 극히 놀랄 만하다. 지금부터 시작하여 각별히 금
단(禁斷)하고 또 군문으로 하여금 미리 사두어 불시의 용처에 대비하게 하라.
이다음에 만약 어기는 자가 있으면 담당 장교는 경중에 따라 죄를 논하라.

◎ 시전의 상언(上言) 요사이 각 영문(營門)의 군졸 중에서 권력을 믿고 세도를 부리며 물건을 내놓고 파는 자가 점점 많아져서, 혹시라도 착고(捉告)하여 징치(懲治)하면 도리어 전혀 근거 없는 말을 여러 가지로 얽어 만들어서 영문에 붙잡혀 가서는 곤장을 맞는 지경에 이르게 되므로, 저희들은 중곤(重棍)에 겁이 나서 감히 어떤 말도 하지 못하고, 팔짱을 낀 채 이익을 잃습니다. 이는 저희들이 장차 뿔뿔이 흩어지게 되는 단서에 이르게 될 것입니다.

◎ 비변사의 제사(題辭) 다른 전에서 이미 금단하였으니, 마찬가지로 시행하라.

　　內匙召塵

　一營門設粥時古無塵匙進排之事矣近來營門不

時設粥則鑰匙遽使矣塵從所入進排不敢拒逆無

辭進排而及其推尋之數過半見失此乃無價之役

而公然失之豈不冤枉乎特賜變通事

擧動經夜則軍門設粥以饋軍卒而所用匙勒令塵人

進排事極可駭自今爲始各別禁斷亦令軍門預令貿

置以備不時之用而此後若有犯者則次知將校從輕

重論罪

　一近來各營門軍卒藉勢亂賣者漸多故或捉告懲

治則反以萬萬無據之語百般構捏捉致營門至於

受棍之境故矣等㤼於重棍不敢誰何拱手失利此

矣等將至渙散之端事

他廛已爲禁斷一體施行

❋

『시폐』에는 시조전(匙召廛)이라고 되어 있지만, 『동국문헌비고』에는 시저전(匙箸廛), 『청구요람』에는 시저(匙箸) 등으로, 또 다른 자료에서는 거의 '시저전'으로 표기되어 있다. 시저전은 놋수저[鍮匙箸]를 판매하던 곳으로, 내시저전(內匙箸廛)과 외시저전(外匙箸廛)의 두 곳이 있었다. 각 1푼씩 도합 2푼의 국역을 분담한 유푼전이었다. 내시저전의 위치에 대하여 『한경지략』에서는 "종가에 있다(在鍾街)"고 하였고, 『동국여지비고』에서

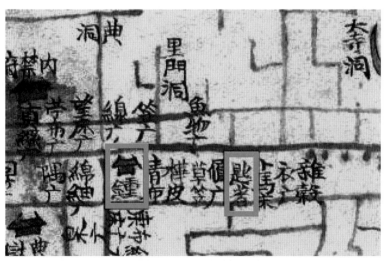

종루[鍾]와 시저전[匙箸] (출처: 『청구요람』)

는 "염탄전의 동쪽에 있다(在塩炭廛東)"고 하였다.¹『청구요람』에 보이는
시저전은 내시저전이다.

거둥[擧動]이란 임금의 행차를 가리킨다. 거둥에 며칠씩 걸릴 때에는
밤을 지새워야 하는 경우도 많았고, 이를 경야(經夜)라 하였다. 낮밤으
로 고생하는 군사를 달래기 위한 호궤(犒饋) 중에서도 죽을 쑤어 나누어
준 것이 설죽(設粥)이다. 군졸들이 죽을 먹을 때 사용하는 숟가락을 시
저전에서 진배하였는데, 다 먹고 나서 돌려주지 않는 사례가 많아 호소
하기에 이른 것이다.

14

외시조전 外匙召廛

◎ 시전의 상언(上言) 군문에서 설죽(設粥)할 때에 놋숟가락을 진배하는
것이 많게는 100여 개에 이르고, 돌려줄 때에는 흐지부지 잃어버리는 폐단
이 번번이 절반을 넘습니다. 앞으로는 설죽할 때에 잃어버린 수에 따라 회
계하여 지급해주셔서 (저희 전이) 지탱하여 보존할 수 있게 해주시기 바랍
니다.

◎ 비변사의 제사(題辭) 다른 전에서 이미 금단하였으니, 마찬가지로 시행
하라.

◎ 시전의 상언(上言) 각 군문의 군졸이 남의 위세를 믿고 의지하여 난매하
는 것을 혹시라도 붙잡아서 법사에 보내어 법에 따라 징치하면, 군졸배가
도리어 근거 없는 일로 얽어 만들어서 시전상인이 매번 붙잡혀서 중곤(重棍)
의 우환이 있으니, 특별히 변통하여 지탱하게 해주시기 바랍니다.

◎ 비변사의 제사(題辭) 다른 전에서 이미 금단하였으니, 마찬가지로 시행하라.

　　外匙召廛

　一軍門設粥之時鍮匙進排者多至百餘箇而還下

　時闕失之弊每每過半前頭設粥之時依闕失之數

　會計上下以爲支保事

他廛已爲禁斷一體施行

　一各軍門軍卒挾勢亂賣者或捉納法司依法懲治

　則軍卒輩反以無據之事搆捏廛人每有被捉重棍

　之患特爲變通支撑事

他廛已爲禁斷一體施行

❀

『한경지략』 및 『동국여지비고』에 따르면 외시저전(外匙箸廛)의 위치는 서소문 밖이었다. 서소문 밖은 종루 및 배오개와 더불어 상업에 있어서 도성의 3대 요지에 해당하였다. 18~19세기의 여러 자료에 기록된, 서소문 밖에 있었던 시전으로는 외시저전을 비롯하여 문외미전(門外米廛), 외체계전(外髢髻廛), 양대전(凉臺廛), 외분전(外粉廛), 초물전(草物廛), 망건전(網巾廛) 등이 있다.

『시폐』에서 외시저전의 호소는 내시저전의 그것과 별반 다를 것이 없다.

15

마전馬廛

◎ 시전의 상언(上言) 저희 전에서 응역(應役)하는 것은 통신사(通信使)의 예
단마(禮單馬)와 칙사(勅使) 시의 별증마(別贈馬) 및 여러 도감에서 소용(所用)
하는 말갈기[馬鬣]입니다. 궐내외의 여러 각사와 시소(試所, 과거를 치르는 곳)
에서 쓰는 인주(印朱)의 말갈기는 본래 사복시에서 소관하여 진배하는 물건
인데, 요사이 여러 각사와 시소에서 평시서에 직접 감결을 보내고, 평시서
에서는 다시 저희 전에 명령하므로, 전인이 번번이 말에서 깎아 납부합니다.
여러 도감에서 소용하는 희고 검은 말갈기를 불시에 사러 나가면 각 댁의 기
마(騎馬)와 군문의 전마(戰馬) 외에 흰말이나 검은말이 전혀 없고, 간혹 색
이 순수하고 그 길이가 쓸 만한 것이 있어도 더욱 마련하기 어려워서 반드
시 생경(生梗, 불화나 문제가 생김)할 뿐 아니라, 진배할 때에도 반드시 인정
(人情, 수수료 명목의 물품이나 금전)이 있은 연후에야 납품이 허락됩니다. 여
러 각사에 하루 진배하는 수효가 혹은 10여 근(斤)에 이르러 시상(市上)의 말

갈기를 모조리 깎아도 항상 부족함을 걱정하고 생경(生梗)을 면하기 어려우며 부비(浮費)는 한이 없으니, 이것이 제일의 고치기 힘든 폐단입니다. 칙사 시에 별증마를 사들이는 역(役)은, 칙사의 패문(牌文)이 서울에 들어오면, 사복시에서 골라 잡아 미리 기다리는 것이 72필이므로, 사부가(士夫家)와 중서가(中庶家)를 물론하고 말이 있는 곳이라면 온갖 방법으로 간절히 빌고 정채(情債)를 쓰기에 이르러서 겨우 팔겠다는 승낙을 얻은 후에야 300~400필을 필득(必得)하므로, 부비가 누백 금이고, 대령한 마필을 외양(喂養, 먹여 기름)하거나 견부(牽夫)를 공궤(供饋)하는 것과 연일 봉점(逢點, 점고를 받음)할 때의 부비 등이 또한 수백 금에 가깝습니다. 근자에 무진년(1748)부터 연속으로 다섯 번의 칙사를 당하여, 예단 마필을 가져갈 수 없어서 절은(折銀)을 가져가셨으므로, 말을 가진 사부가에서는 그 절은과 마필이 순조로이 공급되지 않을까 의심하여, 사복시에서 마련을 재촉함이 성화같이 급하여 간신히 갖추어 마련해서 대령할 때에 편복(鞭扑)이 낭자하고 부비가 한이 없는데, 수십 일 외양한 비용과 견부의 공궤는 이미 푼돈을 지출하는 규정도 없고, 낙본은 또 한 푼도 다른 전에서 분징(分徵)하게 하는 규정이 없습니다. 통신사의 예단마는 백각전에서 통융(通融)하여 무납한 후에 그 낙본을 일일이 백각전에 나누어 징수하여 준상(準償, 받은 값에 준하여 갚음)하셨는데, 칙사 시의 예단마는 오직 저희 전에서 무납하게 하셨으니, 신행(信行)과 칙행(勅行)은 모두 국사(國事)이고 증급(贈給)한 예단도 모두 국용(國用)인데, 하나는 분무(分貿)하고 하나는 독무(獨貿)하여, 백각전의 낙본은 분징하고, 저희들 전의 낙본은 분징하지 않으니, 이는 실로 지극히 원통합니다. 저희 전의 물화는 단지 마필뿐인데, 요사이 세가의 한복(悍僕)이 중도위(中都兒, 거간꾼 또는 중간 도매상)를 자칭하며 경외(京外)에서 이끌고 온 짐말[卜馬]로 쓰기 적당한 것을 제멋대로 사고팔아 후한 이익을 홀로 삼키고, 시상(市上)에 끌고 나온 것은 오직 느리고 둔한 말이나 병든 말뿐이어서 하루에 사고파는 것이 1~2필에 지나지 않으니, 그렇게 작은 이익으로 어찌 수천 금의 빚을 갚을 수 있겠습니까? 또 중도위배 및 시전상인이 혹시라도 사사로이 서로 빚을 졌다가 각각의 본주(本主)가 징수하고자 법사에 정소(呈訴)하면, 해당 관청의 색리 등이 지채(紙債, 종이 값 명목의 물품이나 금전)라 칭하는 것을 요구하며 시전의 삼소임(三所任)에게 출패(出牌)하니 부비가 한이 없습니다. 단지 그 해당 인물만을 붙잡도록 하시고, 삼소임은 영구히 횡침(橫侵)하지 못하게 해주실 것이며, 갖가지 폐단을 일일이 변통하시고, 저희 전은 육주비전 중에서 영구히 빼주시기 바랍니다.

◎ 비변사의 제사(題辭) 궐내외의 각사와 임시로 설치한 도감의 인주에 쓰는 말갈기를 대가 없이 진배하는 것은 이미 오래된 관례이고, 또 대가 없이 변통하고자 하는 것은 실로 추위(推諉, 자기의 책임을 남에게 전가함)할 곳이 없으니, 형세상 당연히 전과 같이 진배하고, 도감이나 내외의 여러 각사를 물론하고 해마다 모든 곳에서 말갈기를 1냥 5전씩 진배하게 하는 것을 영구히 정식으로 삼고, 이 외에는 모든 곳에서 비록 1전이라도 더해서 진배하지 못하게 할 것을 엄칙하여 분부하라. 여러 곳에서 소입(所入)하는 흰 말갈기는 응입(應入)할 양전수(兩錢數)를 산원(算員)이 산적(算摘)하여 호조로 하여금 봉감(捧甘)하게 한 연후에 진배하며, 칙사의 예단마는 그 수가 너무 적으니 이다음에는 많이 모을 필요 없이 마필의 정수(定數) 외에 20필 혹은 30필을 가정(加定)하여 미리 갖추면 족하다. 300~400필에 이르는 것을 마전에서 마

련하여 대령하는 것은 감당하기 어려운 폐단이 너무 많으니, 이다음에는 이 정도의 수로 작정(酌定)하는 것이 마땅하다. 비록 통신사의 예단마를 각전에서 모두 함께 무납(貿納)하는 관례가 있을지라도, 칙사의 예단마는 마전에서 전부터 담당하였으니, 전례가 없는 일을 어찌 각전에서 모두 함께 할 수 있겠는가? 이는 허시(許施)할 수 없다. 중도위 및 전인을 물론하고 혹시라도 빚을 지게 되면, 법사는 단지 해당 인물만을 추착(推捉)하는 것이 마땅한데, 삼소임에게 횡침하는 것은 천만부당하니 각별히 엄히 막고, 예전의 관습을 다시 따른다면 해당 당랑(堂郎)은 경중에 따라 죄를 논하고, 하인배는 법사에 보내어 죄를 다스리도록 하라. 이 전[本廛]은 비록 잔전(殘錢)의 등급에 있지만 다른 전도 역시 이와 같은 경우가 많으므로 홀로 등전(等廛)에서 뺄 수는 없으니 그냥 내버려두라. 중도위가 난전하는 폐단 역시 금단하지 않을 수 없으니, 다른 예에 따라 드러나는 대로 징치(懲治)할 것을 엄칙하여 시행하라.

馬廛

一矣廛應役者通信使禮單馬勅使時別贈馬及諸

都監所用馬鬣也　闕內外諸各司試所印朱馬鬣

乃是太僕所管進排之物而近來諸各司試所直捧

甘結於本署自本署因循知委於矣廛故廛人馬匹

每每削納諸都監所用白黑馬鬣不時出貿則各宅

騎馬軍門戰馬外絶無白黑馬而間或有色純而其

長可用者尤爲難得必致生梗訟不喩進排時必有

人情然後許捧而諸各司一日進排之數或至十餘
斤盡削市上之馬鬣常患不足難免生梗浮費無限
此第一痼弊是白乎於勅使時別贈馬貿得之役段
勅使牌文入京則自太僕擇執預待者七十二匹是
白乎等以勿論士夫家中庶家有馬處則百般懇乞
至用情債而董得許賣之諸後必得三四百匹故浮
費累百金而待令馬匹喂養及牽夫供饋與累日逢
點時浮費等物亦近數百金是白如乎近自戊辰以
來連値五勅而禮單馬匹不爲持去折銀以去是白
乎等以有馬士夫家疑其折銀馬匹不爲順給而太
僕之督立急如星火艱辛備立待令之際鞭扑狼藉
浮費無限數十日喂馬之資及牽夫供饋旣無分錢
上下之規而落本段置且無一分分徵於他廛之規
是白如乎通信使禮單馬段百各廛通融貿納之後
同落本一一分徵於百各廛準償是白遣勅使時禮
單馬段獨使矣廛貿納是白乎所信行勅行俱是
國事贈給禮單均是　國用而一則分貿一則獨貿
百各廛之落本分徵而矣徒廛之落本不爲分徵此
實至冤是白乎於矣廛物貨只是馬匹而近來勢家
悍僕自稱中都兒京外牽來可合卜馬者私自買賣
專吞厚利是白遣市上牽出者只是駑駘病馬一日
買賣不過一二匹則以其些利何能償數千金之債

乎且中都兒輩及廛人或私相負債是白如可各其
本主徵捧次呈法司則該司色吏等邀求紙債稱云
市人三所任出牌浮費無限只捉其當身是白遣三
所任段永勿橫侵爲白乎旀各項弊端一一變通爲
白乎旀矣廛段六矣廛中永爲拔去事

闕內外各司權設都監印朱之馬鬣無價進排旣是舊
例且以無價欲爲變通實無推諉處勢當依前進排而
毋論都監內外諸各司每年每處馬鬣一兩五錢式使
之進排以此永爲定式此外雖一錢勿令加進排於諸
處事嚴飭分付白馬鬣各處所入者算員算摘應入之
兩錢數使地部捧甘然後進排勅使禮單馬其數甚少
此後則不必多聚馬匹定數外加定二十匹或三十匹
預備足矣至於三四百匹自馬廛立待有許多難堪之
弊此後則以此數酌定爲當通信使禮單馬雖有各廛
通同貿納之例至於勅使禮單馬本廛自前擔當則無
前例之事何可通同於各廛乎此則不可許施勿論中
都兒及廛人或負債則法司只當推捉當身而橫侵三
所任千萬不當各別嚴防而復踵此習則當該堂郎從
輕重論罪下屬移法司科治本廛雖在殘廛之等他廛亦
多如此者不可獨拔於等廛置之中都兒亂廛之弊亦
不可不禁斷依他例隨現懲治事嚴飭施行

마전(馬廛)은 말[馬匹]을 취급하던 곳으로, 1푼의 국역을 분담한 유푼전이었다. 『시폐』에서 마전은 "오직 느리고 둔한 말이나 병든 말뿐이어서 하루에 사고파는 것이 1~2필에 지나지 않"는다고 했는데, 이는 『한경지략』에서 마전에 대해 "말을 파는데, 느리고 둔한 말뿐이고 걸음이 빠른 말은 없다(賣馬匹只是駑駘而無駿驄)"고 한 것과 상통한다. 마전의 위치에 대해 『한경지략』에서는 "동대문 안에 있다(在東大門內)"고 하였으며, 앞에서 살펴본 바와 같이 태평교(마전교)의 남안(南岸)이었고, 우전과 한데 있었다.

마전에서는 예단마와 별증마를 마련하여 대령하면서 사복시에서 확보되는 마필로는 부족하여 민가에서 추가로 말을 구해야 하는 고충을 호소하고 있다. 사복시에서는 전국의 목장에서 기른 말을 서울로 공급받았다.

『시폐』를 통해 마전에서 말뿐만 아니라 말갈기[馬鬣]도 진배하였음을 알 수 있는데, 말갈기의 용처를 "여러 도감에서 소용하는 말갈기", "궐내외의 여러 각사와 시소에서 쓰는 인주의 말갈기", "궐내외의 각사와 임시로 설치한 도감의 인주에 쓰는 말갈기" 등으로

『목장지도(牧場地圖)』, 부분

표현하고 있다. 여기서의 말갈기는 날인(捺印) 과정에서 쓰이는 털 뭉치인 마렵(馬鬣), 즉 바렌(baren)을 가리킨다. 도장[印信]을 찍기 위해 여러 기관에서는 마렵 외에도 인판(印板), 넉자[笏子 또는 笏坐], 유주기(鍮朱器), 반주홍(磻朱紅 또는 燔朱紅), 주토(朱土) 등을 필요로 하였다.

16

월외전 月外廛

◎ 시전의 상언(上言) 저희 전은 9등급 중에서 맨 끝의 전으로서, 1푼의 역에 응하고 있으며, 단지 서북(西北) 양도(兩道)에서 생산된 것을 사고팔아 자생합니다. 대개 다리[髢髮]는 다른 물건과 다름이 있어, 시상(市上)에서 희한(稀罕)하며, 이로 말미암아 전업(廛業)은 양박(涼薄)하고 전인(廛人)은 20명에 지나지 않습니다. 다른 직업으로 달아나버리는 자도 지금 태반에 이르러, 모양이 제대로 이루어지지 못한 채 헛되이 전기(廛基)만 지킵니다. 흩어 없어지지 않고 그대로 있는 자는 시안(市案)에 관계될 뿐만 아니라 또 지칙(支勅)하는 다리[髢髮]의 계(契)를 겸하므로, 마침내 파전(罷廛)할 수가 없으며, 매번 지칙할 때마다 낙본이 너무 많으니 도산할 지경에 가까이 이릅니다. 이른바 사무(私貿)라는 것도 여러 궁방(宮房)이나 종반가(宗班家)에 진배할 때 마음대로 부리며 생경(生梗)하여서 그 낙본되는 바가 불문가지이거니와, 이 다음에 보존할 방도로서 원기를 회복하는 동안 10년에 한하여 역을 줄여주

시고, 또 호조에서 지칙하는 다리 값[髢髮價]은 참작하여 보태주어 미리 갖추어 진배하고 보존할 수 있도록 해주시기 바랍니다.

◎ 비변사의 제사(題辭) 칙수(勅需)에 쓰이는 다리[髢髮] 한 단(丹)의 소정(所定)의 값은 5냥으로 평상의 가격에 비하여 4분의 1에 지나지 않는다. 이에 전인(廛人)이 크게 원통함을 호소하여, 몇 해 전에 호조에서 비록 약간이지만 값을 더했는데도 오히려 부족하여, 다시 2~3냥을 더하는 것이 물정에 매우 부합하니 알맞게 헤아려 첨가(添價)할 것을 호조에 분부하라. 여러 궁방과 종반가에 사사로이 진배하는 것은 각별히 금단하고 지금부터 시가에 따라 사서 쓰고, 만약 예전의 관습을 다시 따른다면 해당 궁의 소임 및 해당 가장은 드러나는 대로 경중에 따라 죄를 논하라.

月外廛

一矣廛以九等末廛應一分之役者只以西北兩道
所産買賣資生也盖髢髮與他物有異市上稀罕由
此而廛業凉薄廛人不過二十名而趂他業者今至
太半不成貌樣空守廛基不爲盡散而猶存者非但
係於市案且兼支勅髢髮之契故果不得罷廛而每
勅落本太多幾至逃散之境是遣所謂私貿事進排
於諸宮房宗班家時操縱生梗其所落本不問可知
是白在果此後保存之道蘇復間限十載減役是白
遣且自戶曹支勅髢髮價參酌添給以爲預備進排
俾得保存事

勅需髢髮一丹所定之價五兩比常價不過四分之一
以此廛人大爲稱寃年前自戶曹雖加若干價猶爲不
足更加二三兩甚合物情量宜添價事分付戶曹諸宮
房宗班家私進排則各別禁斷自今從市直貿用而若
復踵前習則該宮所任及當該家長隨現從輕重論罪

❋

　월외전(月外廛)은 속칭 월자전(月子廛) 또는 월내전(月乃廛)이라고도 하
였으며, 『동국문헌비고』 등의 자료에서는 주로 체고전(髢髻廛)으로 표기
되었다. 『한경지략』에서 "월자는 방언으로 체이다(月子者方言髢也)"라고
한 것처럼, 월외, 월자, 월내, 체고 등은 체계(髢髻) 또는 가체(加髢)를 가
리키며, 이런 용어들은 모두 여자가 머리 위에 얹는 장식용 가발인 '다
리[髢]'를 의미한다. 즉 체계전은 "부인의 머리 장식인 다리를 파는" 곳
이었고(賣婦人首節髮髢), 1푼의 국역을 분담한 유푼전이었다. 체계전의
위치에 대하여 『동국여지비고』에서는 "칠목기전의 남쪽에 있다"고 하였
는데(在柒木器廛南), 『한경지략』에서는 "내전은 광통교에 있고, 외전은 서
소문 밖에 있다"고 하였다(內廛在廣通橋, 外廛在西小門外). 『청구요람』에서
광통교 남쪽의 칠기전이 확인되므로, 체계전의 위치를 짐작할 수 있다.

　가체의 원산지에 대해서 "단지 서북(西北) 양도(兩道)"라 하였는데, 특
히 함경도산이 많이 이용되었다(고승희 2003: 36~39). 정조 12년(1788)에

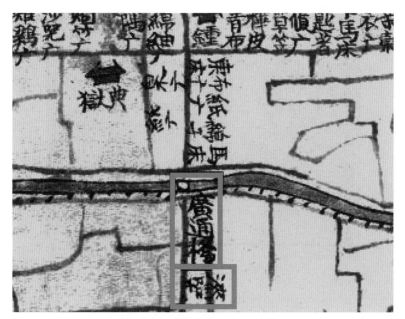

광통교(廣通橋)와 칠기전[漆器] (출처: 「청구요람」)

『가체신금사목(加髢申禁事目)』이 반포되는 등 정부에서는 여러 차례 가체를 통제하고자 하는 정책을 펼쳤다. 하지만 19세기 말까지 체계전은 여전히 1푼의 국역을 분담하는 시전으로 등재되어 있었다. 뒤에서 소개할 족두리전이 여자 상인들에 의해 운영된 여인전(女人廛)인 데 비하여, 체계전은 남자 상인들에 의해 운영되던 남인전(男人廛)이었다. 주로 여성이 소비하는 품목을 취급하던 전은 대개 여인전이었지만, 그중에 유푼전이 하나도 없었다는 점을 감안하면, 체계전이 남인전이었던 이유는 유푼전이었기 때문으로 이해할 수 있겠다. 즉 유푼전은 남자 상인들의 전유물이었으며, 여기에서 "구등(九等)"이라고 한 것처럼 푼수에 따라

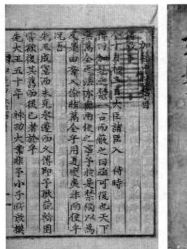

「가체신금사목」

아홉 등급으로 차등화가 이루어져 있었다. 앞서 마전 항목에서 "육의전 (六矣廛)" 또는 "등전(等廛)"이라고 표현된 것도 다름 아닌 유푼전에 해당 하며, 이는 곧 무푼전에는 푼수뿐 아니라 등급도 없었음을 의미한다.

17

내장목전內長木廛

◎ 시전의 상언(上言) 조정의 크고 작은 토목(土木)의 역에 있어서, 해당 분차(分差)로 영선(營繕, 건물의 신축 또는 수리)하는 것은 마땅히 해당 공인에게 책납해야 하는데, 요사이 양자문(兩紫門) 및 구영선(九營繕)에서 시급하다고 하면서 체문[帖文]을 내려 저희 전으로 하여금 억지로 진배하게 한 후에 값을 치르지 않은 적이 한두 번에 그치지 않았습니다. 가랫장부[加乃杖夫]에 대해 말하자면, 선공감의 철물색(鐵物色) 공인(貢人)이 진배하는 것인데, 구영선과 양자문에서는 매번 역이 있을 때마다 저희 전에 체문을 내려 대가 없이 가져다 써서 여러 해 동안 진배한 수효가 수백 개 가까이에 이르렀습니다. 그리고 보통 교외로 행행(行幸)하실 때에는 내외(內外)의 교량목을 관례적으로 공인에게 책납하였는데, 지난해에 의소묘(懿昭墓)에 거둥하셨을 때에는 내외의 교량목에 저희 전의 목물(木物)을 가져다 쓰신 다음, 그 값은 분차(分差)한 서원(書員)이 몰래 투식(偸食)하고 목물은 되돌려 내려주므로,

물에 젖거나 썩고 상처 입어 발매할 수 없어서 후기(朽棄)했습니다. 또 만약 바로 진배하지 않으면 관전(官前)에 알소(訐訴)하여 출패(出牌)하고 수금(囚禁)하니 지탱하기 어려운 지경을 면할 수가 없습니다.

◎ 비변사의 제사(題辭) 외감(外監)을 파한 후에¹ 자문 및 영선에 시급한 역이 있는데 이미 목물을 진배하는 공인이 없으므로, 어쩔 수 없이 내장목전에 책출(責出)한 것이다. 호조에서 마련한 값을 서원이 투식하고 바로 지급하지 않아 원통함의 호소가 이와 같다. 이다음에는 자문과 영선에서 소용(所用)하는 나무에 해당 관원이 답인(踏印, 도장을 찍음)하고 체문을 작성하여 전인(廛人)에게 내어주고, 호조에 직정(直呈)한 후에 호조에서 목가(木價)를 마련하여 직접 전인에게 지출하면 필시 중간에서 소비하는 폐단은 없을 것이니, 이로써 정식으로 삼아 시행하라. 가랫장부는 철물 공인이 담당하는 것이 적실(的實, 틀림없이 확실함)하니 이다음에는 공인에게서 거두고 전인은 침범하지 말 것을 정식으로 삼아 시행하라. 교량목은 선공감에서 진배하는 것이 당연한데 서원배(書員輩)가 용처(用處)에 급해서 위력으로 장목전으로부터 가져다 쓴 것은 대단히 놀랄 만하다. 더욱 근거가 없는 것은, 가져다 쓴 후에 즉시 운반하여 주지 않고서, 혹은 다른 역에 옮겨서 쓰고, 혹은 있는 곳에서 썩거나 상처 입으니, 전인이 흐지부지 잃어버리는 것이 매우 많고, 돌려받는 것은 극히 적어서 원통함을 호소함이 헤아릴 수 없을 정도이다. 이다음에는 가져다 쓰지 못하게 하고, 혹시 다시 어기는 자가 있으면 해당 관원은 경중에 따라 죄를 논하고, 하인배는 법사에 보내어 죄를 다스리도록 하라.

◎ 시전의 상언(上言) 의정부(議政府)의 사인사(舍人司)에서 가죽 채찍[皮鞭]의 자루로 쓸 장목(長木) 및 부내(府內) 우물의 말목(抹木)에 소입(所入)되는 장목을 해마다 10여 차례 진배하였으나, 하나도 값을 받지 못하였으니 변통하여 주시기 바랍니다.

◎ 비변사의 제사(題辭) 가죽 채찍의 자루는 정례(定例) 중에서 마련하여 지출하고, 우물 치는 말목은 정례 중에서 이미 혁파하였으니, 마련하는 것 외에 임의로 10여 차례 대가 없이 내장목전을 횡침하여 근거 없이 진배하게 한 것은 진실로 극히 이상하고 놀랍다. 이와 같은 부류는 만약 한번 엄사(嚴査, 엄중히 조사함)하여 중치(重治)하지 않는다면 나중에 폐단을 막기 어려울 것이니, 법사에서 엄핵(嚴覈, 엄중히 추궁함)하여 중치하고, 이다음에 만약 어기는 자가 있으면 해당 관원은 경중에 따라 죄를 논하고, 하인배는 법사에 보내어 죄를 다스리도록 하라.

◎ 시전의 상언(上言) 내선공감의 공물주인[內監主人]이 응공(應貢)하는 물종은 진장목(眞長木)인데, 당초에는 그들이 미리 사서 진배하였습니다. 요사이 내선공감 공인이 미리 사두지 않고서, 혹시 진배할 때를 당하면 저희 전이 많이 사서 감추어두었다고 관가에 알소(訐訴)하여 생경(生梗)에 이르게 되었으니, 이는 저희 전이 지탱하기 어려운 폐단입니다. 특별히 감결을 보내어 변통하여주시기 바랍니다.

◎ 비변사의 제사(題辭) 진장목은 공인이 값을 받고 진배하는 것이 사리에 당연한데 미리 사두지 않고서 불시에 급히 쓸 것이 있으면 영선(營繕)을 종용(慫慂, 억지로 권함)하여 위력으로 전인에게서 가져다 쓰니, 사정이 지극히

원통하다. 이다음에는 공인에게 엄칙하여 준비하여 대령하게 하고 만약 다시 시인(市人)을 횡침하면 해당 관원은 경중에 따라 죄를 논하고, 공인 및 부동(符同, 어울려서 한통속이 됨)한 원역(員役)은 법사에 보내어 죄를 다스리도록 하라.

◎ 시전의 상언(上言) 장목(長木)은 이미 저희들 전의 물종인데, 공인이 집언(執言)하고 횡침하여 저희들 전으로 하여금 사고팔지 못하게 하니, 헛되이 명호(名號)만 지키고 있습니다. 이 역시 지탱하기 어려운 하나의 폐단이니, 특별히 변통하여주시기 바랍니다.

◎ 비변사의 제사(題辭) 공인과 전인이 모두 장목을 사고파는 것은 제용감(濟用監) 공인과 전인이 포자(布子)를 사고파는 것과 같다. 공인이 그것을 파목전(破木鏖)이라고 하면서 전인이 사고파는 것을 금하고자 한 것은 사정이 가악(可惡)하다. 각별히 금단할 것을 정식으로 삼아 시행하라.

◎ 시전의 상언(上言) 난전의 폐단이 저희 전의 경우에 더욱 심합니다. 뚝섬과 연강의 무뢰배가 세력을 믿고 난매(亂賣)하는데, 뚝섬으로 말하자면 바로 목물(木物)이 흘러 내려오는 첫 목[初項]이므로, 본디 더욱 심하다고들 합니다. 그중에서 돈이 있는 무리는 제멋대로 난매(亂買)하여 강변에 높이 겹쳐 쌓아놓고 값을 조종하여 전인에게 발매한다 합니다. 그들은 난전의 무리인데도 아무런 이유 없이 이익을 먹고, 저희들은 국역을 받들어 행하면서도 앉아서 시리(市利, 장사의 이익)를 잃으니, 장차 어찌 보존할 수 있겠습니까? 특별히 금단하여주시기 바랍니다.

◎ 비변사의 제사(題辭) 다른 전에서 이미 금단하였으니, 마찬가지로 시행하라.

內長木廛

一 朝家大小土木之役則當該分差營繕事當責
納於當該貢人而近來兩紫門及九營繕稱以時急
下帖勒令矣廛進排後不爲給價者非止一再而至
於加乃杖夫段繕工監鐵物色貢人進排者而九營
繕兩紫門每當役處則下帖矣廛無價取用累年進
排之數幾至數百介是白遣凡郊外 行幸時則內
外橋梁木例爲責納於貢人而上年 懿昭墓 擧
動時內外橋梁木以矣廛木物取用後同價本則分
差書員潛自偸食木物則還下故水濕腐傷不得發
賣而朽棄是白乎旀若趁不進排則訐訴官前出牌
囚禁未免難支之境事

外監罷後紫門及營繕有時急之役而旣無木物進排
之貢人故其勢不得不責出於本廛戶曹磨鍊之價書
員偸食不卽上下故呼寃如此此後則紫門營繕所用
之木當該官員踏印作帖出給廛人直呈戶曹後自戶
曹磨鍊木價直爲上下於廛人則必無中間花消之弊
以此定式施行加乃杖夫則鐵物貢人擔當的實此後
捧於貢人勿侵廛人事定式施行橋梁木則自繕工當

進排而書員輩急於用處則威力取用於長木塵事已
可駭尤爲無據者取用之後不卽運給或移用於他役
或腐傷於在處塵人闖失者甚多還推者絶少呼冤不
貰此後卽毋得取用而如或有復犯者則當該官員從
輕重論罪下屬移法司科治

　一議政府舍人司皮鞭柄次長木及府內井抹木所
　　入長木每年十餘次進排而元無受價之事特爲變
　　通事

皮鞭柄定例中磨鍊上下治井抹木定例中旣已革罷
則磨鍊者外任意十餘次無價橫侵於本塵使之白地
進排者誠極痛駭如此之類若不一番嚴查重治則後
弊難防自法司嚴覈重治而此後若有犯者則當該官
員從輕重論罪下屬移法司科治

　一內監主人之應貢物種乃是眞長木而當初渠等
　　預買進排矣近來內監貢人趁不買置或當進排之
　　時則稱以矣塵多買藏置訐訴官家以至生梗此乃
　　矣塵難支之弊特爲捧甘變通事

眞長木則貢人受價進排事理當然不爲預貿有不時
急用者則慫愙營繕威力取用於塵人情狀切痛此後
則嚴飭貢人準備待令而若更橫侵市人則當該官員
從輕重論罪貢人及符同員役移法司科治

　一長木旣是矣徒塵物種則貢人之執言橫侵使矣

徒廛不得買賣而空守名號此亦難支之一弊特爲

變通事

貢人廛人之皆買賣長木與濟監貢人廛人之買賣布

子同貢人目之以破木廛欲禁廛人買賣情狀可惡各

別禁斷事定式施行

一亂廛之弊矣廛則尤甚蠶島沿江無賴輩藉勢亂

賣而至於蠶島乃是木物流下之初項故素稱尤甚

其中有錢之輩私自亂買積峙江底操縱價錢發賣

廛人是如乎渠以亂廛之類空然食利矣等段奉行

國役而坐失市利將何以保存乎特爲禁斷事

他廛已爲禁斷一體施行

＊

　장목(長木)이란 단순히 '긴 나무'가 아니라 건축용 목재를 의미한다. 『한경지략』에 따르면, 장목전은 "집 재목을 파는" 곳이었으며(賣屋材), 내장목전과 외장목전으로 구분되었다. 내장목전은 1푼의 국역을 분담한 유푼전이었다. 『동국여지비고』에서 내장목전이 "여러 곳에 있었다"고 한 것으로 보아(在各處), 한 곳에만 있었던 것이 아니라 여러 곳에 위치하였던 것으로 보인다. 또한 『청구요람』에서 확인되는 장목전은 내장목전이다.

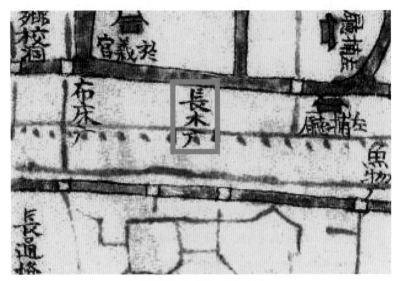

내장목전[長木廛] (출처: 『청구요람』)

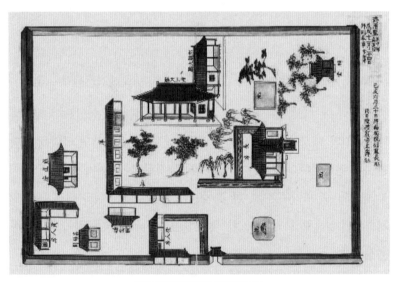

제용감(濟用監) (출처: 『숙천제아도』)

선공감(繕工監)은 토목과 영선을 담당하던 기관이다.[2] 궐내외 각처를 수리하는 일은 선공감의 분사인 자문감(紫門監)과 구영선(九營繕)이 분담 하였다. 자문감은 내외(內外)의 2소(所)로 구성되었기에 양자문(兩紫門)이 라고 하였으며, 구영선은 처음에 영선 1소부터 9소까지로 구성되어 있 었는데, 나중에는 5개 소로 분장되었다. 선공감 내의 부서로는 탄색(炭色), 삭색(索色), 공작색(工作色), 철물색(鐵物色), 환하색(還下色), 죽색(竹色), 재목색(材木色), 장목색(長木色), 압도색(鴨島色)이 있었다.[3]

제용감(濟用監)은 진헌하는 피륙과 인삼, 사여하는 의복과 사라, 능 단, 포화, 물감, 염색, 직조 등의 일을 담당하던 곳이다.[4] 제용감 공인과 포자(布子)를 사고팔았던 전인(廛人)은 포전(布廛) 상인일 것이다.

18

철물전 鐵物廛

◎ 시전의 상언(上言) 여러 도감을 설립할 때 소용(所用)되는 여러 가지 철물은 호조로부터 용량에 따라 들여 지출하고 야장(冶匠)으로 하여금 개로(開爐)하여 만들어 바치게 하는 것인데, 가랫날[加乃鐵] 또한 그중에 있습니다. 영선(營繕)하는 원역배(員役輩)가 저희 전에게 책납하게 하는데, 가령 응납(應納, 당연히 바쳐야 할 것)이 10개이면 갑절인 20개를 바칩니다. 비록 호조로부터 값을 받는다고 말하지만 번번이 1~2년이 지나서 단지 반값만 주십니다. 도감에서 설로(設爐)할 때에 장수배(匠手輩)가 그들의 모루[毛老]와 마치[丁赤]를 가지고 종역(從役)하는 것이 본래부터 내려오는 규정입니다만, 요사이는 번번이 저희 전에게 책납하게 하여 지탱하기 어려운 폐단이 저절로 많습니다. 도감에서 소용하는 석자[和煮=漏杓]도 저희 전에서 사고팔거나 시안에 등록된 물건이 아닌데, 항상 반드시 시민(市民)에게 책납하게 하고 혹시 조금이라도 더디고 느즈러지면 그 자리에서 생경(生梗)하기 때문에 시민

이 사방으로 흩어져 간신히 구해서 바치는데, 아무리 크고 좋아도 퇴짜를 놓고 침책(侵責)함이 망유기극(罔有紀極)하므로, 한 부(部)의 진배에 들어가는 비용과 정채(情債)가 또한 지나치게 많습니다. 그래서 근자에 이미 비변사에 정소하여 비록 다시는 횡침하지 못하도록 하는 제사(題辭)를 받았으나, 오히려 그것이 오랫동안 유효하도록 지키기 어려우니, 각별히 변통하셔서 잔민이 지탱하여 보존할 수 있도록 해주시기 바랍니다.

◎ 비변사의 제사(題辭) 임시로 설치한 도감의 여러 가지 철물은 선공감에서 진배하므로, 가랫날이나 석자를 물론하고 역이 급하지 않으면 만들어서 진배하고, 급하면 사들여 진배하는 규례가 이와 같으니, 도감과 선공감의 하인들이 부동(符同)하여 전인에게 억지로 진배하게 하고, 가랫날은 당연히 써야할 것이 10개이면 이 외에 더 거두어 들여 또 10개에 이르렀다. 석자로 말하자면, 마땅히 선공감에서 진배하게 해야 하는데 전인을 횡침하니 하인들의 행위는 진실로 극히 이상하고 놀랍다. 이다음에 만약 전과 같이 다시 침학하는 폐단이 있으면 도감의 낭청과 선공감의 관원은 모두 경중에 따라 죄를 논하고, 하인배는 법사에 보내어 죄를 다스리도록 하라. 모루와 마치에 대해 말하자면, 원래 장수(匠手)가 소유한 물건으로 쓰는 것이 사리에 당연한데, 공연(公然)히 전인에게 책납하게 하는 것은 오로지 정채를 받아먹겠다는 속셈에서 나온 것이니 각별히 금단하고, 다시 이런 폐단이 있으면 해당 관원은 경중에 따라 죄를 논하고, 하인배는 법사에 보내어 죄를 다스리도록 하라.

鐵物廛

一諸都監設立時所用各樣鐵物自戶曹隨容入上

下使冶匠開爐造納則所謂加乃鐵亦在其中而營
繕員役輩責納於矣塵假令應納十箇則倍納二十
箇而雖曰受價於戶曹每過一二年而只給半價爲
白乎於都監設爐時匠手輩持其毛老亇赤而從役
者自是流來之規是白去乙近來則每每責納於矣
塵自多難支之弊都監所用和煮亦非矣塵買賣與
市案所錄之物而輒必責納於市民少或遲緩則卽
地生梗故市民四散艱辛覓納雖大且好點退侵責
罔有紀極故一部進排所費情債亦甚夥然故頃已
呈訴備局雖受勿復橫侵之題猶難保其長久有效
各別變通俾得殘民支保事

權設都監各樣鐵物繕工監進排故勿論加乃鐵和煮
役緩則打造進排事急則貿得進排事例如此而都監
與該監下屬符同勒令塵人進排而加乃鐵應用十箇
則此外加徵又至十箇至於和煮當令繕工進排而橫
侵塵人下屬所爲誠甚痛駭此後若有如前更侵之弊
則都監郎廳繕工官員并從輕重論罪下屬移法司科
治至於毛老亇赤本是匠手所有之物以此用之事理
當然公然責納於塵人者專出於捧食情債之計各別
禁斷復有此弊則當該官員從輕重論罪下屬移法司
科治

철물전(鐵物廛)은 쇠[鐵]로 만든 여러 가지 물건을 판매하던 곳으로, 1푼의 국역을 분담한 유푼전이었다.『한경지략』이나『동국여지비고』에서는 "여러 곳에 있다"고 하였을 뿐(在各處), 철물전의 위치를 구체적으로 알려주는 자료를 찾기 어렵다. 하지만 청계천의 다리 중 하나로 철물교(鐵物橋)가 있어, 철물전의 위치를 짐작게 하고 있다.

청계천의 주요 다리 (출처:『동여도(東輿圖)』)

① 혜정교(惠政橋) ② 모전교(毛廛橋) ③ 대광교(大廣橋) ④ 광통교(廣通橋) ⑤ 소광교(小廣橋)
⑥ 철물교(鐵物橋) ⑦ 장통교(長通橋) ⑧ 수표교(水標橋) ⑨ 하랑교(河浪橋) ⑩ 효경교(孝經橋)
⑪ 마전교(馬廛橋) ⑫ 이교(二橋; 蓮池橋)

내세기전 內貰器廛

◎ 시전의 상언(上言) 여러 상사(上司)와 각 아문에서 사사로이 무역하고 불시에 책납한 후 값은 간혹 해를 걸러서 출급하니 낙본이 너무 많을 뿐 아니라 그 폐단이 헤아릴 수 없습니다. 속히 명하여 변통하여주시기 바랍니다.

◎ 비변사의 제사(題辭) 여러 상사와 각 아문에서 값을 치르지 않고 미리 가져다 쓰고 해를 거른 후에 헐값을 지급하니 전인은 나날이 더욱 이익을 잃고 그 형세를 보존하기 어렵다. 이다음에는 값을 치른 후에 가져다 쓸 것을 엄칙하고, 만약 혹시라도 예전의 관습을 다시 따르는 자가 있으면 해당 관원은 경중에 따라 죄를 논하고, 하인배는 법사에 보내어 죄를 다스리도록 하라.

◎ 시전의 상언(上言) 보통 난전을 하는 자들은 세가의 하인이기 때문에 피잔(疲殘)한 시민으로서는 금억(禁抑)할 수가 없습니다. 관가에서 엄칙하고 방

금(防禁)하셔서 전업(廛業)을 보존하게 해주시기 바랍니다.

◎ 비변사의 제사(題辭) 다른 전에서 이미 금단하였으니, 마찬가지로 시행하라.

　　　　內貰器廛
　　一諸上司各衙門私貿易不時責納後價本則或隔
　　年出給非但落本之太多其爲弊端不貲速賜變通
　　事
　　諸上司各衙門不給價先取用隔年之後以廉價上下
　　廛人日益失利勢難保存此後則給價然後取用事嚴
　　飭而若或有復踵前習者則當該官員從輕重論罪下
　　屬移法司科治
　　一凡亂廛者勢家奴子故疲殘市民不能禁抑自官
　　家嚴飭防禁俾保廛業事
　　他廛已爲禁斷一體施行

❋

세기전(貰器廛)은 그릇의 대여를 주업으로 하던 곳이며, 『동국문헌비고』를 비롯한 여러 자료에 내세기전(內貰器廛)과 외세기전(外貰器廛)이 따로 기재되어 있다. 양자 모두 무푼전이었다. 『한경지략』에서는 세기전이 "잔치에 쓰는 소반과 그릇을 빌려주는" 곳이라 하였는데(貰給宴需所

用盤器), 『동국여지비고』에 따르면 주로 "자기 및 홍칠반"을 빌려주었음을 알 수 있다(磁器及紅柒盤). 『동국여지비고』에서는 "숙수 도가에 있다"고 하였는데(在熟手都家), 『한경지략』에서는 "종가에 있다"고 하였으므로(在鍾街), 내세기전은 종가의 숙수 도가에 있었을 것이다.

세기전이 그릇을 빌려주는 곳이었다면, 그릇을 파는 곳으로는 자기전(磁器廛)이 있었으며, 무푼전이었다. 『동국여지비고』에서 자기전이 "토산과 중국산의 여러 가지 자기를 파는(賣鄉唐各色瓷器)" 곳으로서 "종루 및 남대문 밖에 있다(在鍾樓及崇禮門外)"고 한 것으로 보아, 역시 내외의 구분이 있었던 것으로 보인다. 종가에 있었다는 자기전은 『청구요람』의 사기전(沙器廛)일 것이다. 국립중앙도서관에 소장된 『동국여지비고』에서

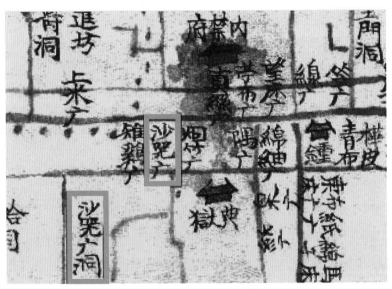

사기전[沙器广]과 사기전동[沙器广洞] (출처: 『청구요람』)

는 사기전(砂器廛)이라 했고, 「폐막별단」에서는 백사기전(白沙器廛)이라
하였다. 사기전의 명칭을 딴 행정구역으로서 한성부 중부(中部) 서린방
(瑞麟坊)의 사기전동(沙器廛洞) 또는 사기전계(沙器廛契)가 있었다.[1]

『시폐』에는 포함되어 있지 않지만 세기전과 유사한 곳으로 세물전(貰
物廛)이 있었다. 『한경지략』에 따르면 세물전에서는 "혼인이나 장례에
쓰이는 여러 도구 및 그릇을 빌려주었"고(貰給婚喪諸具及器用), "한 건당
가격이 10전에 불과"하였다고 한다(每件價不過十錢). 세물전 역시 세기
전과 마찬가지로 무푼전이었다. 세물전은 "여러 곳에 있었"는데(在於各
處), 『동국여지비고』에 따르면, "도가는 혜정교 남쪽에 있었"다(都家在惠
政橋南).

생치전 生雉廛

◎ 시전의 상언(上言) 다섯 상사(上司)와 내의원[藥房]에 해마다 서너 차례 약추(藥箒)의 꿩 깃[雉羽]을 진배하는 것은 대가 없는 역인데도 또 정채(情債)가 있으니, 이 또한 지탱하기 어려운 폐단입니다. 각별히 금단하여주시기 바랍니다.

◎ 비변사의 제사(題辭) 다섯 상사와 내의원의 약추는 군기시에서 연한을 정하여 진배한다고 정례(定例)에 분명히 등재되어 있는데 과외(科外)로 대가 없이 더 거두어들이는 것은 지극히 이상하고 놀랍다. 각별히 금단하고, 이다음에 만약 예전의 관습을 다시 따르는 자가 있으면 해당 관원은 경중에 따라 죄를 논하고, 하인배는 법사에 보내어 죄를 다스리도록 하라.

◎ 시전의 상언(上言) 각 능(陵)과 각 전(殿)에서 봄가을에 수보할 때의 치추(雉箒)에 쓰도록 자루마다 100개씩 군기시에 진배하였습니다만, 호조에서는

단지 60개로 엇셈[會減]하였습니다. 이는 극히 원통하고 억울하오니 특별히 변통하여주시기 바랍니다.

◎ 비변사의 제사(題辭) 각 능과 각 전에 소용(所用)되는 치추는 군기시에서 60개를 한 자루로 하여 진배하도록 정례에 분명히 등재되어 있는데 군기시에서 40개를 더 받아 폐를 끼침이 헤아릴 수 없으니 각별히 금단하고, 이다음에 만약 예전의 관습을 다시 따르는 자가 있으면 해당 관원은 경중에 따라 죄를 논하고, 하인배는 법사에 보내어 죄를 다스리도록 하라.

◎ 시전의 상언(上言) 저희 전에서의 꿩[生雉] 진배는 진연(進宴)이나 길례(吉禮)할 때의 소입(所入) 및 내의원의 양숙(胖熟), 붕어찜[鮒魚蒸], 붕어죽[鮒魚粥] 등의 소입, 칙사 시의 찬물(饌物) 소입이고, 꿩 꽁지깃[雉尾羽] 진배는 종묘, 사직, 여러 산천 풍물의 소입 및 각 능, 각 전에서 수보할 때의 우추(羽箒) 소입이어서, 저희 전은 지잔(至殘)한 전이면서 국역은 광대하고 번다하며, 난전은 치성(熾盛, 불길같이 성하게 일어남)하여 각 군문의 군사 및 궁가의 세노(勢奴) 등이 난전함에 거리낌이 없습니다. 이렇게 이익은 작고 역은 번다하니 지탱하여 보존할 수가 없습니다. 각별히 금단하여주시기 바랍니다.

◎ 비변사의 제사(題辭) 다른 전에서 이미 금단하였으니, 마찬가지로 시행하라.

生雉廛

一五上司藥房每年三四次藥箒雉羽進排乃是無

價之役而又有情債此亦難支之弊各別禁斷事

五上司藥房藥箆自軍器寺定年限進排昭載定例而
科外無價加徵極爲痛駭各別禁斷而此後若有復踵
前習者則當該官員從輕重論罪下屬移法司科治
　　一各　陵各　殿春秋修補時雉箆次每柄一百箇
　　式進排扵軍器寺而戶曹則只以六十箇會減此甚
　　冤抑特爲變通事
各　陵各　殿所用雉箆自軍器寺六十箇爲一柄進
排昭載定例而本寺加捧四十箇貽弊不貲各別禁斷
而此後若有復踵前習者則當該官員從輕重論罪下
屬移法司科治
　　一矣廛生雉進排段　進宴吉禮時所入及內局凡
　　胖熟鮒魚蒸鮒魚粥等所入勅使時饌物所入是白
　　遣雉尾羽進排段　宗廟　社稷諸山川風物所入及
　　各　陵各　殿修補時羽箆所入而矣廛以至殘之
　　廛　國役浩煩亂廛熾盛各軍門軍士及宮家勢奴
　　等亂廛無忌以此利小役煩不能支保各別禁斷事
他廛已爲禁斷一體施行

❋

　　생치전(生雉廛)은 주로 꿩고기를 취급하던 곳으로, 무푼전이었다. 『동
국여지비고』에서는 "말린 꿩고기를 파(賣乾雉)"는 곳이라고 했지만, 실

제로는 꿩[生雉], 꿩고기[乾雉], 꿩 깃 등이 모두 소관 물종이었다. 위치에 대해서는 "생선전 골목의 어귀에 있다(在生鮮廛屛門)"고 하였지만, 고지도에서 직접 확인되지는 않는다. 다만 생치전과 어떤 관련이 있었을 것으로 보이는 치계전(雉鷄廛)에 대해서는 계아전 항목에서 함께 설명한다.

치미추(雉尾箒) (출처: 충남역사문화연구원)

『시폐』에서는 주로 꿩 깃 또는 꿩 꽁지깃의 진배와 관련한 호소가 많은데, 꿩 깃이 약추(藥箒), 치추(雉箒), 우추(羽箒) 등의 빗자루[箒]를 만드는 데에 쓰였음을 알 수 있다.

21

초립전草笠廛

◎ 시전의 상언(上言) 저희들의 물화는 단지 초립(草笠) 한 가지입니다. 해마다 능행(陵幸)하실 때에 각전의 별감(別監), 안조라치[內吹螺赤] 및 내외(內外) 사복시의 견마부(牽馬夫) 등이 착용하는 초립을 저희들이 만들어 진배하였는데, 한 부(部)의 공역(功役)이 무명 넉 자[四尺]에 지나지 않습니다. 요사이 공조(工曹)의 식례(式例) 중에서 두 자[二尺]로 반감(半減)하였으니, 어찌 원통하지 않겠습니까? 특별히 공조로 하여금 전과 같이 지급하도록 해주시기 바랍니다.

◎ 비변사의 제사(題辭) 초립 한 부를 수장(修粧)하는 공역(工役)의 가목(價木)은 넉 자인데, 공조에서 균역청을 빙자하여 지난해부터 두 자를 줄여서 주니 이것으로는 결코 수장(修粧)할 수 없는 형세이니 전인이 원통함을 호소하는 것은 당연하다. 전과 같이 무명 넉 자를 지급할 것을 공조에 엄칙하라.

草笠廛

一矣等物貨只是草笠一種每年　陵幸時各　殿
別監內吹螺赤及內外司僕牽馬夫等所着草笠矣
等造成進排而一部功役不過四尺木矣今者工曹
式例中減半二尺豈不冤痛乎特令工曹依前上下
事
草笠一部修粧工役價木四尺而工曹憑藉均役廳自
上年減給二尺以此決無修粧之勢廛人宜爲稱冤依
前以四尺木上下事嚴飭工曹

❁

　각종 자료에 기재되어 있는 시전 목록에서 갓(모자)을 취급한 곳으로
는 초립전(草笠廛), 백립전(白笠廛), 흑립전(黑笠廛), 전립전(氈笠廛), 사립
전(簑笠廛) 등이 있는데, 모두 무푼전이었다. 초립(草笠)은 누런 빛깔의
가는 풀로 만든 모자를 말하며, 초갓 또는 풀갓이라고도 하였다. 백립
은 흰 갓, 흑립은 검은 갓이며, 각각 백립전, 흑립전 항목에서 따로 설
명한다. 전립(氈笠)은 무관이 착용하던 갓으로 전립(戰笠)이라고도 하였
으며, 주요 재료로 동물의 털[毛]이 사용되었다. 사립(簑笠)은 삿갓을 가
리킨다.

　갓의 중간재로서 반제품에 해당하는 갓양태 또는 양태[凉臺 또는

별감(別監)과 그들이 쓴 갓 (출처: 『원행을묘정리의궤』)

내취(內吹)와 그들이 쓴 갓 (출처: 『영조정순왕후가례도감의궤(英祖貞純王后嘉禮都監儀軌)』)

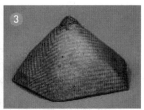

① 초립   ② 전립   ③ 사립 (출처: 한국민족문화대백과)

凉簜]는 독립된 물종으로 취급되었다. 『한경지략』에 따르면 양대전(凉臺廛)은 "갓을 만드는 대나무와 양태를 파"는 곳으로(賣造笠之竹凉臺), "서소문 밖에 있"었다(在西小門外). 양태는 "통영에서 짠 대나무 중에서 가장 가는 것을 좋은 물건으로 여겼다"고 한다(凉臺以統營織竹最細爲上品).

초립전의 위치에 대해서 『동국여지비고』에서는 "청포전의 서쪽에 있다"고 하였고(在靑布廛西), 『한경지략』에서는 양대전에 대한 설명 뒤에 "또 신랑이 쓰는 누런 초립을 파는 전이 있는데 종루 곁에 있다"고 하였다(又有新郎所着黃草笠廛在於鍾樓傍). 『청구요람』에서는 입전(笠廛)과 초립전(草立廛)의 두 곳이 확인된다.

전립전(氈笠廛 또는 戰笠廛)에 대해서 『한경지략』에서는 "소털과 전립을 판다"고 설명하였다(賣牛毛氈笠). 전립전은 내외로 나뉘어 있었으며, 『한경지략』과 『동국여지비고』의 정보를 종합해보면, 내전립전(內氈笠廛)은 마전교(馬廛橋)에, 외전립전(外氈笠廛)은 서대문 밖(敦義門外)에 있었다. 그러므로 『청구요람』에서 확인되는 전립동(氈笠洞)은 내전립전이 위치

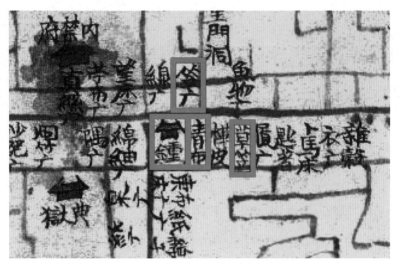

종루[鍾], 입전[笠广], 청포전[靑布], 초립전[草笠] (출처: 『청구요람』)

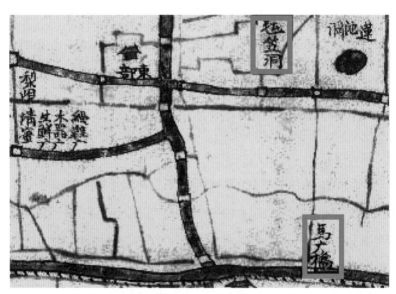

전립동(氈笠洞)과 마전교[馬广橋] (출처: 『청구요람』)

한 곳이었을 것이다. 『동국여지비고』에는 파립전(破笠廛)도 기재되어 있는데, "여러 곳에 있"었고(在各處), "도가는 어의동에 있"었다고 한다 (都家在於義洞).

계아전 鷄兒廛

◎ 시전의 상언(上言) 저희 전이 아직 모양을 갖추지 못한 가운데 또 감당하기 어려운 점이 있습니다. 여러 상사에서 무역하면서 불시에 납부하라고 독촉하고 혹시 조금이라도 지연되면 삼소임(三所任)을 잡아 가두는 폐단이 흔히 있으며, 그 값도 지체하여 지급하면서 또 헐값으로 색책(塞責, 책임을 면하기 위하여 겉만 겨우 미봉하는 짓)하므로, 낙본을 지탱하기 어려운 폐단이 나날이 다달이 자꾸자꾸 늘어갑니다. 각별히 엄금하여 보전(保全)의 혜택을 입을 수 있도록 해주시기 바랍니다.

◎ 비변사의 제사(題辭) 다른 전에서 이미 금단하였으니, 마찬가지로 시행하라.

鷄兒廛
一矣廛旣不成樣之中又有難堪者諸上司貿易而

不時督納少或遲延則三所任捉囚之弊比比有之

而同價錢遷就上下又以廉價塞責故落本難支之

弊日增月加各別嚴禁俾蒙保全之澤事

他廛已爲禁斷一體施行

계아전(鷄兒廛)에서는 닭[鷄]이나 달걀[鷄卵]을 취급하였을 것이다. 기존 연구 중에는 계아전이 '병아리' 가게라고 설명한 경우도 있지만, 근거를 찾기는 어려운 듯하다. 앞서 살펴본 생치전은 18세기부터 이미 계아전과 구별되고 있었는데, 시기와 관계없이 자료에 따라 치계전으로 통칭하는 경우도 있었다. 또한 19세기 자료에서는 계전(鷄廛)과 계란전(鷄卵廛)의 구분도 보인다.

자료	연도	전호		
폐막별단	1741	치계전(雉鷄廛)		
시폐	1753	생치전(生雉廛)	계아전(鷄兒廛)	
동국문헌비고	1770	생치전(生雉廛)	계아전(鷄兒廛)	
산대별단	1784	치계전(雉鷄廛)		
탁지지	1788	생치전(生雉廛)	계아전(鷄兒廛)	
만기요람	1807	생치전(生雉廛)	계아전(鷄兒廛)	
한경지략	1830	생치전(生雉廛)	계전(鷄廛)	계란전(鷄卵廛)
육전조례	1864	치계(雉鷄)		

『한경지략』에서는 "계전은 광통교에 있고, 계란전 역시 그 곁에 있다"고 하였고(鷄廛在廣通橋而鷄卵廛亦在其傍), 『동국여지비고』에서도 "계전은 광통교에 있다. 계란전은 생치전 곁에 있다"고 하였다(鷄廛在廣通橋鷄卵廛在生雉廛傍). 결국 계전, 계란전, 생치전은 모두 광통교 또는 그 인근에 있었다는 말이 되는데, 생치전은 앞에서 "생선전 골목의 어귀에 있다"고 하였으므로, "생선전─생치전─계란전─계전─광통교"의 위치 관계를 그려볼 수 있겠다. 생치전과 마찬가지로 계아전, 계전, 계란전 등도 고지도에서 직접 확인되지 않는다. 다만 생치전, 계아전, 계전, 계란전 등의 구분 없이 통칭된 치계전(雉鷄廛)의 위치를 통해 "생치전─계란전─계전"의 위치를 가늠해볼 수 있을 뿐이다.

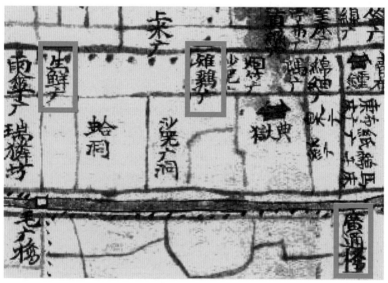

생선전[生鮮广], 치계전[雉鷄广], 광통교(廣通橋) (출처: 『청구요람』)

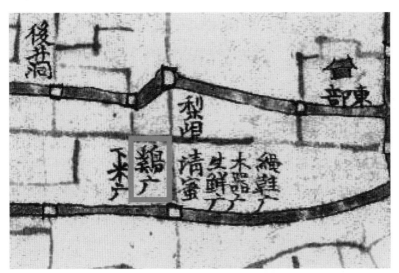

계전[鷄廛] (출처: 「청구요람」)

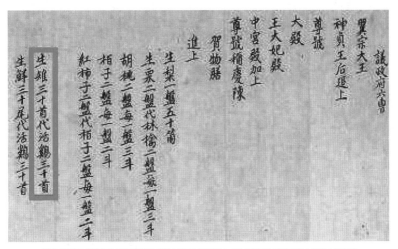

꿩 30마리 대신 닭 30마리를 진상 (출처: 「의정부·육조진상단자(議政府六曹進上單子)」)

생치전과 계란전이 모두 무푼전인 데 비하여, 『육전조례(六典條例)』에서는 치계전을 1푼의 국역을 분담한 유푼전으로 기재하고 있다. 또한 기록에는 없으나 『청구요람』은 배오개[梨峴]에 계전이 있었음을 알려준다.

치계전의 경우처럼 꿩과 닭을 하나의 전에서 취급한 이유를 조선후기 조세 제도에서 찾을 수 있다. "꿩 대신 닭"이라는 말과 같이, 조세의 납부 과정에서 닭은 꿩의 대체재로 인정되어 대납(代納)이 가능했기 때문이다. 닭보다는 꿩을 구하기가 상대적으로 어려웠기 때문이며, 이는 진상(進上)의 경우에도 마찬가지였다.

유기목물초혜전 柳器木物草鞋廛

◎ 시전의 상언(上言) 저희가 가장 감당하기 어려운 것은 각 군문의 군사 및 세가(勢家)의 하인배가 임의로 난매하여 남의 생업을 뺏고 있는 것이니 각별히 금단하여주시기 바랍니다.

◎ 비변사의 제사(題辭) 다른 전에서 이미 금단하였으니, 마찬가지로 시행하라.

> 柳器木物草鞋廛
> 一矣徒最所難堪者各軍門軍士及勢家奴輩恣意亂
> 賣奪人生業各別禁斷事
> 他廛已爲禁斷一體施行

『시폐』에 나오는 유기목물초혜전(柳器木物草鞋廛)이 구체적으로 어떤 곳인지에 대해서는 알기 어렵다. 다만 『시폐』의 목혜전(木鞋廛) 항목을 보면, 유기목물초혜전에 대해서 목혜전에서는 "유기목물승초혜전(柳器木物繩草鞋廛)", 평시서에서는 "유기전(柳器廛)", 비변사에서는 "승혜전(繩鞋廛)" 또는 "초물전(草物廛)" 등으로 불렀음이 확인된다. 따라서 후대의 자료에서 보이는 승혜전(繩鞋廛)을 『시폐』의 유기목물초혜전과 같은 것으로 보아도 좋을 것이다. 승혜전은 무푼전이지만, 『육전조례』에서만은 1푼의 국역을 분담한 유푼전으로 되어 있다.

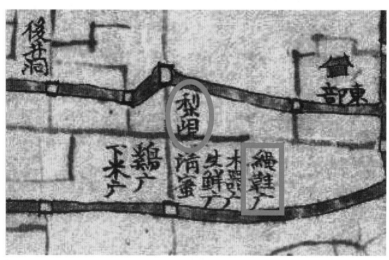

배오개[梨峴]와 승혜전[繩鞋广] (출처: 『청구요람』)

『한경지략』에서는 승혜전에
서 "생마 미투리와 숙마 미투리
및 짚신을 판다"고 하였다(賣生
熟麻鞋及稿草鞋). 그러므로 유기
목물초혜전에서는 버들고리[柳
器]나 짚신 또는 미투리[兎土履]

미투리 (출처: 한국민족문화대백과)

를 팔았을 것임을 짐작할 수 있다. 하지만 취급한 목물(木物)이 어떤 것
인지는 알기 어려운데, 목기전(木器廛), 목혜전(木鞋廛) 등이 『시폐』에 따
로 등장하기 때문이다. 승혜전의 위치에 대하여 『동국여지비고』에서는
"여러 곳에 있다. 도가는 의금부 문밖의 동쪽에 있다"고 하였으며(在各
處.都家在義禁府門外東), 『청구요람』에서는 배오개의 승혜전이 확인된다.

상하목기전 上下木器廛

◎ 시전의 상언(上言) 저희 목표전(木瓢廛)에서는 해마다 내의원의 납약(臘藥)에 소용(所用)되는 대표(大瓢)와 중표(中瓢)를 진배합니다. 개당 원가(元價)가 2~3냥보다 적지 않은데도, 호조에서는 개당 단지 3전만 지급하여 실로 원통합니다. 이다음에는 값에 준하여 지급하여주시기 바랍니다.

◎ 비변사의 제사(題辭) 전인(廛人)이 이른바 목표(木瓢)의 원가가 2~3냥이라 한 것은 비록 이것이 지나친 표현이기는 하지만, 표(瓢)에는 크고 작음이 있으니 가격 또한 많고 적음이 있다. 호조에서 일률적으로 3전을 지급하면 당연히 원통함을 호소하는 이유가 될 것이니, 내의원에 진배하는 목표(木瓢)의 형체와 대소를 상세히 알고 난 후에 큰 것과 작은 것에 대해 가감하여 값을 정할 것을 호조에 분부하라.

上下木器廛

一矣等木瓢廛每年內局臘藥所用大中瓢進排而

每箇元價不下二三兩而戶曹則每箇只以三錢上

下實爲冤痛此後以準價上下事

廛人所謂木瓢元價二三兩云者雖是過濫而瓢有大

小則價亦有多寡而戶曹一例以三錢上下則宜有稱

冤之端內局進排木瓢形體大小詳知後大者小者加

減定價事分付戶曹

❋

여기서 상하목기전(上下木器廛)은 스스로 목표전(木瓢廛)이라 칭하고 있다. 목표(木瓢)는 나무바가지를 말하는데, 표주박이나 나무 쪽박을 가리킨다. 하지만 목기전에서 나무바가지만을 취급한 것은 아니다. 『동국여지비고』에서는 목기전에서 "나무 쟁반, 축롱, 소축롱, 키, 삼태기 등의 물건을 팔"고(賣木盤及柵籠疎柵籠箕簣等物), 상목기전(上木器廛)은 육조 앞에(六曹前), 하목기전(下木器廛)은 배오개에 있다고 하였다. 『청구요람』에서는 배오개의 목기전, 즉 하목기전만 확인된다.

『시폐』에는 등장하지 않지만 옻칠을 한 목기를 파는 칠기전(漆器廛) 또는 칠목기전(漆木器廛)도 있었다. 『한경지략』에 따르면 칠목기전에서는 "여러 가지 옻칠을 한 목기 및 장롱, 궤짝을 팔"았고(賣各樣漆木器及櫃

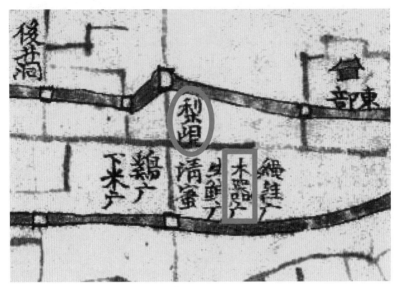

배오개[梨峴]와 목기전[木器广] (출처: 『청구요람』)

櫃), 장전(欌廛)이라 칭하기도 한다고 하였다. 『동국여지비고』에서는 문목장(紋木欌), 지장(紙欌), 방장(房欌) 등도 있다고 하였으며, 『한경지략』은 장에 대해 다음과 같이 설명하고 있다.

장(欌)이라는 것은 중국에서 세워놓은 궤[竪櫃]라 일컫는 것이다. 장에는 반드시 3~4층이 있다. 무늬가 있는 나무[紋木]로 만들거나 색종이를 바른다.[1]

칠목기전의 위치에 대하여 『한경지략』에서는 "광통교에 있다"고 했는데(在於廣通橋), 『동국여지비고』에서는 "여러 곳에 있는데 그중에서 지금은 효경교에 가장 많다"고 했다(在各處中孝經橋今最多). 『청구요람』에서는

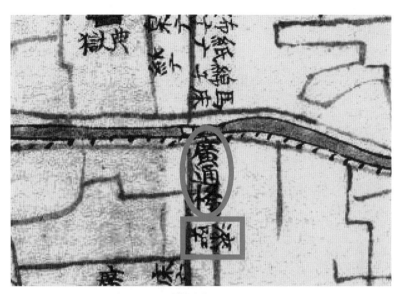

광통교(廣通橋)와 칠기전[漆器] (출처: 「청구요람」)

광통교에 있는 것으로 확인된다. 「산대별단」에 마포칠목전(麻浦漆木廛)
이 등장하는 것으로 보아, 마포에는 옻나무를 파는 칠목전이 있었던 것
으로 보인다. 상하목기전과 칠목기전은 모두 무푼전이었다. 『대동지지
(大東地志)』에는 '파목기(破木器)'라는 전(廛)도 기록되어 있다.

백립전 白笠廛

◎ 시전의 상언(上言) 난전으로 이익을 뺏는 무리는 모두 세가의 노자와 군문의 군졸인데, 혹시라도 붙잡아서 정과(呈課)하면 군문과 세가에서 도리어 전인(廛人)을 붙잡아 횡침하는 일이 흔히 있으니, 어찌 원통함이 심하지 않겠습니까? 각별히 엄처(嚴處)하여 잔민(殘民)이 보존(保存)하여 생업에 안주하도록 해주시기 바랍니다.

◎ 비변사의 제사(題辭) 다른 전에서 이미 금단하였으니, 마찬가지로 시행하라.

> 白笠廛
> 一亂廛奪利之輩無非勢家奴子軍門軍卒或執捉
> 呈課則軍門勢家之還捉廛人橫侵者比比有之豈
> 不冤痛之甚者乎各別嚴處以爲殘民保存安業事

他塵已爲禁斷一體施行

백립(白笠)은 대나무로 만든 갓
에 흰 삼베를 입힌 것으로, 백포립
(白布笠)이라고도 하였다. 주로 국
상(國喪)에 썼다. 백립전은 무푼전
이었으며, 『동국여지비고』에서는
"도가가 어의동 골목 어귀에 있다"
고 하였다(都家在於義洞屛門).

백립 (출처: 한국민족문화대백과)

염상전 塩床廛

◎ 시전의 상언(上言) 임시로 설치한 도감의 장인에게 소용(所用)되는 풍로피(風爐皮)는 저희 전에서 진배합니다만, 비단 중간에 흐지부지 잃어버리는 근심이 많을 뿐 아니라, 호조에서 혹 쓰고 돌려주는 일이 있어도 조각조각 깨어 부서져 있으니 어디에 쓰겠습니까? 지금부터 이후에는 진배에 응하는 규례에 따라 우선 관문(關文)을 보내고 나중에 풍로피를 진배하도록 산원(算員)에게 신칙하여 흐지부지 잃어버리는 폐단이 없도록 해주시고, 진배에 응하는 황구피(黃狗皮)는 한 해의 소입(所入)보다 많이 지급하여 미리 갖추게 해서 군급(窘急)하여 생경(生梗)하는 폐단이 없게 해주시기 바랍니다.

◎ 비변사의 제사(題辭) 임시로 설치한 도감에서 소용하는 풍로피를 전인으로 하여금 진배하게 하고, 각 노(爐)에서 사용할 때 조각조각 나누어 쓰고 값을 치르는 것은 가(可)하지만, 쓰고 돌려주는 것은 불가(不可)하다. 우선 관문을 보내고 나중에 진배하는 것은 그 역(役)이 급하면 형세가 허시(許施)

하기 어려우니, 이다음에는 실입(實入, 실제의 물력)에 따라 엇셈[會減]할 것을 호조에 분부해서 정식으로 삼아 시행하라.

◎ 시전의 상언(上言) 군문, 다른 각사 및 세 건량청(乾糧廳)에서 사사로이 무역하는 폐단이 갈수록 더욱 심합니다. 중간에서 공갈(恐喝)하고, 혹은 흐지부지 잃어버리고, 혹은 낙본이 있는 폐단입니다.

◎ 비변사의 제사(題辭) 다른 전에서 이미 금단하였으니, 마찬가지로 시행하라.

塩床塵

一權設都監匠人所用風爐皮段置矣塵進排爲乎
矣中間非但多有闊失之患戶曹或有用還之事是
良置片片破碎何處用之乎今後則風爐皮依應進
排例先出關後進排之意申飭于算員處俾無闊失
之弊是乎㫰應進排黃狗皮段置一年所入優數上
下以爲預備俾無窘急生梗之弊事
權設都監所用風爐皮使塵人進排而各爐用時片片
割用給價可也用還不可先出關後進排事其役急則
勢難許施此後則從實入會減事分付戶曹定式施行
一軍門與他各司三乾糧廳私貿易之弊愈往愈甚
中間恐喝或有闊失或有落本之弊事
他塵已爲禁斷一體施行

염상전(塩床廛)은 앞에서 소개한 열세 곳의 상전 중 하나로, 무푼전이었다.[1] 『동국여지비고』에서는 혜전(鞋廛), 즉 "이전의 동쪽에 있다"고 했는데(在履廛東), 고지도에서는 확인되지 않는다. 『청구요람』이나 『한성전도』에는 염상전이 한성부 중부(中部)의 북쪽에 표시되어 있다.

『시폐』를 통해 염상전에서 풍로피(風爐皮)[2]나 황구피(黃狗皮) 등의 가죽을 취급했음을 알 수 있으며, 앞에서 설명했듯이 명칭이 '염'상전이라고 하여 소금[塩]을 취급했던 것으로 보아서는 곤란하다.

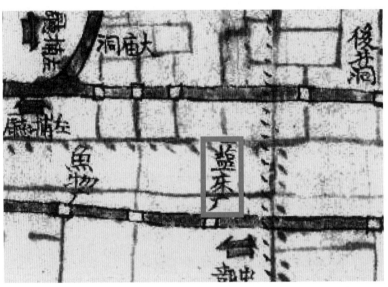

염상전[塩床广] (출처: 『청구요람』)

이상에서 살펴본 바와 같이, 『시폐』에는 총 열세 곳의 상전 중에서 문외신상전(門外新床廛), 염상전(塩床廛), 동상전(東床廛), 묘상전(妙床廛)의 네 곳이 실려 있다. 잡화를 판매하면서 상전에 포함되지 않은 경우도 있었는데, 대표적인 곳이 혜정교잡전(惠政橋雜廛)이다. 『한경지략』과 『동국여지비고』에 따르면 혜정교잡전의 취급 품목은 우산(雨傘), 갈대발[蘆簾], 금박지[篇箔], 용지(龍脂), 지거(脂炬), 중거(中炬) 등이었다. 『청구요람』의 우산전(雨傘廛)은 다름 아닌 혜정교잡전이다.

「산대별단」의 마포잡물전(麻浦雜物廛)이나 「육전조례」의 노량잡물전(露梁雜物廛)의 경우, 명칭은 '잡물'전이지만 마포나 노량과 같은 나루에

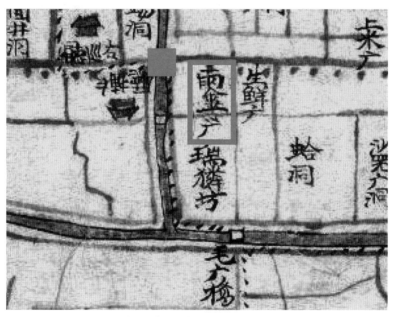

혜정교[■]와 우산전[雨傘广] (출처: 『청구요람』)

위치한 것으로 보아 뒤에서 소개할 초물전(草物廛)에 해당하는 것으로 보인다. 「대동지지」에도 잡물전[雜物]이 있는데, 구체적인 사항은 알 수 없다.

　건량청(乾糧廳)은 중국으로의 사행(使行)에 필요한 양식을 마련하던 기관이다. 행장을 차릴 때마다 마을의 가옥을 별도로 빌려서 건량청을 임시로 만들기도 하였다.[3] 세 건량청(三乾糧廳)이란 사행을 떠나는 세 사신(使臣), 즉 상사(上使), 부사(副使), 서장관(書狀官)의 건량청을 가리키는 것으로 보인다.[4]

27

징전徵塵

◎ 시전의 상언(上言)　저희들은 수가 적고 피잔(疲殘)한 백성이어서 모양이 말이 아닌 가운데 여러 도감의 장인(匠人)이 소용(所用)하는 못걸이[釘巨里] 꼬치[串赤] 및 영선(營繕), 별공작(別工作), 자문감(紫門監)의 야장(冶匠)이 소용하는 정거리(丁巨里)를 진배하는 역은 저희 전의 아주 큰 고치기 힘든 폐단입니다. 무릇 장인이 어찌 가지고 있는 것이 없어서 그러겠습니까? 반드시 그 입막음을 할 비용을 받아내어 이로써 지탱하여 견딜 수 없게 해주시기 바랍니다.

◎ 비변사의 제사(題辭)　임시로 설치한 도감, 별공작, 영선, 자문감의 야장은 모두 못걸이 꼬치를 가지고 있는데, 돈을 징수하려는 속셈으로 전인을 공갈하여 진배하게 하니 전인은 어쩔 수 없이 돈을 주어 미봉(彌縫)하며, 이로 말미암아 작폐(作弊)가 갈수록 더욱 심해지고 있다. 이다음에는 별공작, 영선, 자문감에 분부하여 야장은 그들이 평소에 쓰던 못걸이 꼬치를 쓰도록

할 것을 각별히 엄칙하고 이 전[本廛]을 침범하지 못하도록 하라. 만약 다시 어기는 자가 있으면 해당 관원은 경중에 따라 죄를 논하고, 야장은 법사에 보내어 죄를 다스리도록 하라.

◎ 시전의 상언(上言) 난전의 폐단이 어떤 전인들 없겠습니까마는 저희 전의 경우에는 모두 야장이 손으로 만들었다고 하면서 임의로 사고팔며, 또 군 문 군졸배의 집 앞에서 발매하는 것이 심히 많아서 힘으로 금단할 수 없습 니다. 특별히 변통하셔서 지잔(至殘)한 시민이 보존(保存)하여 생업에 안주할 수 있도록 해주시기 바랍니다.

◎ 비변사의 제사(題辭) 다른 전에서 이미 금단하였으니, 마찬가지로 시행 하라.

徵廛

一矣徒等數少疲殘之民不成貌樣之中諸都監匠
人所用釘巨里串赤及營繕別工作紫門監冶匠所
用丁巨里進排之役矣廛之一大痼弊也凡匠人豈
無所持而然乎必責其防口之資以此不能支堪事
權設都監別工作營繕紫門監冶匠皆有釘巨里串赤
而欲爲徵錢之計恐喝廛人使之進排則廛人不得已
給錢彌縫由此作弊愈往愈甚此後則別工作營繕紫
門監分付冶匠用渠等之常用釘巨里串赤事各別嚴
飭勿侵本廛若有復犯者當該官員從輕重論罪冶匠移

法司科治

一亂塵之弊何塵無之而至於矣塵段皆是冶匠稱

以手造任自買賣且軍門軍卒輩之家前發賣者甚

多而力不能禁斷特爲變通以爲至殘市民保存安

業之地事

他塵已爲禁斷一體施行

❊

　징전(徵塵)이라는 명칭은 다른 자료에서 찾아보기가 쉽지 않으며, 극히 제한적으로 등장할 뿐이다. 하지만 징(徵)이라는 단어를 '말굽[馬蹄]에 박는 쇠못'을 음차(音借)하여 표기한 것으로 이해한다면, 징전은 징을 포함하여 그 외 말과 관련된 물종을 취급하던 곳으로 볼 수 있다. 어떤 자료에서는 마철전(馬鐵塵)도 보인다. 그렇다면 징전은 시전을 열거한 다른 자료에서 보이는 등전(鐙塵) 또는 등자전(鐙子塵)일 가능성이 높다. 『한경지략』에 따르면 등전은 "말의 안장과 제구를 파는" 곳이었다(賣馬鞍諸具). 그래서 마상전(馬床塵)이라고도 했으며, 무푼전이었다. 마상전의 위치에 대해서 『동국여지비고』에서는 "광통교 곁에 있다"고 하면서(在廣通橋傍), "일명 지상전이라고 하는데, 지전 앞에 있"기 때문이라고 하였다(一稱紙床塵在紙塵前). 『청구요람』에서 지전과 광통교 사이에 있었음이 확인된다.

　방구지자(防口之資)는 뒤에 나오는 침자전 항목에서와 같이 방구전(防

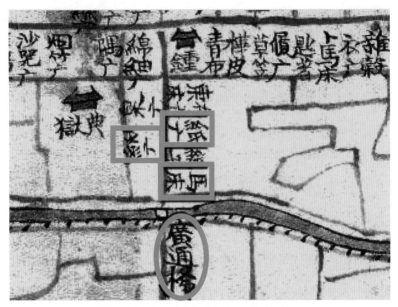

지전[紙广]과 광통교 사이의 마상전[馬床] (출처: 『청구요람』)

口錢)이라고도 하였으며, 말 그대로 풀어서 이해하자면 "입막음을 하기 위해 지급하는 돈" 정도가 된다. 하지만 『시폐』를 통해, 방구전이 사실상 역의 부대비용, 즉 부가세로 고착화되어 있었음을 알 수 있다. 다시 말해 방구전은 부비, 정채와 마찬가지의 성격을 가지는 것이었다. 방구전은 『공폐』에서도 여러 항목에서 등장하며(김동철 1993: 106~108), 면주전의 사례에서는 『군방구책(軍防口冊)』이라는, 방구전의 내역을 따로 관리한 회계장부가 있었음이 확인된다(須川英德 2010: 357).

복마제구전卜馬諸具廛

◎ 시전의 상언(上言) 저희 전은 본래 잔소(殘小)하여 물종이 단지 짐말[卜馬]의 여러 도구뿐입니다. 각처에서 난매하는 사람들이 방자하게 생업을 빼앗으므로, 잔시(殘市)의 백성이 몹시 가난하여 모양이 말이 아니니, 각별히 한성부의 5부(五部)에 신칙하여 일절 금단하여주시기 바랍니다.

◎ 비변사의 제사(題辭) 다른 전에서 이미 금단하였으니, 마찬가지로 시행하라.

> 卜馬諸具廛
> 一矣徒廛本來殘小物種只是卜馬諸具而各處亂
> 賣之人肆然奪業故殘市之民不成貌樣各別申飭
> 於漢城府五部一切禁斷事
> 他廛已爲禁斷一體施行

복마제구전(卜馬諸具廛)은 짐말[卜馬]의 여러 가지 장구[諸具]를 팔던 곳으로, 무푼전이었다. 나무 안장[木鞍], 언치[馬韂], 밀치[鞦], 굴레[韁], 채찍[鞭], 고삐[䩬] 등의 물건을 팔았다("賣木鞍馬韂鞦韁鞭䩬等物", 『동국여지비고』). 『육전조례』에서는 복마상전(卜馬床廛)으로 명칭이 바뀌어 등장한다. 『동국여지비고』에서 "종루에 있다"고 했는데(在鐘樓), 『청구요람』에서도 확인된다. 마상전과 복마상전은 그 명칭에 '상전(床廛)'이 포함되어 있지만, 앞서 소개한 망문상전 이하 12~13곳의 '상전'에 속하지는 않았다.

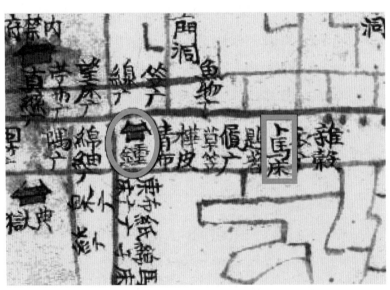

종루[鍾]의 복마상전[卜馬床] (출처: 『청구요람』)

29

흑립전 黑笠廛

◎ 시전의 상언(上言) 각 공장(工匠)이 손으로 만든 물건을 혹시라도 해당 전에 공급하지 않고 제멋대로 난매(亂賣)한다면, 난전(亂廛)의 법에 따라 제재하는 것이 바로 금석지전(金石之典)이므로, 크고 작은 장수(匠手)가 모두 해당 전에 직접 파는데, 오직 각 군문에 소속된 입장(笠匠)의 무리는 시인(市人)이 금란(禁亂)의 뜻을 얻지 못하게 하고 각 해당 군문으로부터 금지하지 말라는 제사(題辭)를 받아내어 세도를 부리며 저희 전[本廛]에 팔지 않고 제멋대로 굴며 각처의 요로(要路)에서 난매합니다. 저희 전의 물화는 입장(笠匠)에게서 나오는데, 입장의 태반이 이와 같은 군졸이니, 어떻게 역에 응하여 자생(資生)하겠습니까? 각 군문에 소속된 입장들이 만든 입자(笠子)를 난매하지 못하게 하시고, 법에 따라 시민에게 내어 팔게 하고, 법사로 하여금 난전을 단속하여 중률(重律)로 통제하셔서, (저희로 하여금) 보존하여 국역에 우러러 이바지할 수 있게 해주시기 바랍니다.

◎ 비변사의 제사(題辭) 다른 전에서 이미 금단하였으니, 마찬가지로 시행하라.

黑笠廛

一各工匠手造之物如或不給當廛私自亂賣則繩
以亂廛之律者乃是金石之典故大小匠手擧皆直
賣於該廛而獨各軍門所屬笠匠輩市人毋得禁亂
之意受出勿禁之題於各該軍門藉勢不賣於本廛
肆行亂賣於各處要路是乎所矣廛之貨出於笠匠
而笠匠乃太半軍卒如此而何以應役而資生乎各
軍門所屬笠匠等所造笠子毋得亂賣而依法出賣
於市民處而令法司出禁亂廛繩以重律俾得保存
仰供　國役事
他廛已爲禁斷一體施行

❋

사대부들이 착용했던 검은 갓이 흑립(黑笠)이며, 검게 만들기 위해 옻칠을 했기 때문에 칠립(漆笠)이라고도 하였다. 흑립전은 무푼전이었고, 『육전조례』에서는 내흑립전(內黑笠廛)과 외흑립전(外黑笠廛)으로 구분하고 있다. 『동국여지비고』에 따르면 흑립전 도가(都家)의 위치는 백립전 도가와 마찬가지로 어의동(於義洞) 골목 어귀였다.

초립전, 백립전, 흑립전 등에서 판매한 다양한 종류의 갓, 그리고 그와 관련된 문화는 훗날 외국인의 눈길을 끌기에 충분한 것이었다. 예컨대 한말에 조선을 방문했던 프랑스인 조르주 뒤크로가 남긴 기록을 통해, '갓장수네'는 사람이 가장 북적거리는 곳이었음을 알 수 있다.

흑립 (출처: 한국민족문화대백과)

어쨌든 가장 사람이 북적거리는 곳은 갓장수네로, 한양 한복판의 종각 근처 상가에 가서 손님이 얼마나 많은지 또 얼마나 진지한 표정으로 갓을 고르는지를 보아야 한다. 조선 사람들은 일반적으로 단순한 것을 좋아하지만 모자만은 예외여서 복잡하고 값이 나가는 것을 선호한다. 갓은 유럽의 실크 모자를 연상시키지만 독특한 것은 상투를 넣은 망건 위에 균형 있게 얹어놓는다는 점이다. 갓의 가치는 전적으로 갈기털에 달려 있다. 재산 정도와 지위에 따라 갓이 다르다. 일반인들은 대나무로 만든 것을 쓰며, 양반들은 멧돼지털로 된 것을 쓴다. 조선 사람들은 갓을 구별하는 데 실수하는 법이 없다. 갓의 가볍기에 따라, 투명성에 따라, 갓의 광택에 따라 사람을 판별한다. 갓을 쓰지 않은 사람은 하급 인부이거나 상중에 있는 사람들이다. 이들은 삿갓을 써야 한다. 청년들은 옅은 황토색 갓을 쓰며, 성인 남자들은 검은색, 문관들은 말총으로 만든 갓을 쓴다. 조선에 오래 살아본 후에나 비로소 갓이 나타내는 계급의 표시를 잘 알게 되며, 갓을 제대로 점잖

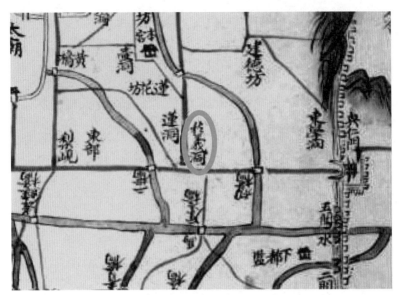

어의동(於義洞) (출처: 「동여도」)

게 쓰는지에 따라 그 사람이 속하는 계급과 그 사람이 받은 교육의 정도를 가늠하게 된다. 길모퉁이에는 낡은 갓을 수리하는 이동 수리상도 있다. 한 마디로 갓을 쓰지 않은 조선인은 상상할 수도 없으며, 갓은 약하면서도 귀중한 물건이라 항상 머리 위에 단단히 놓여 있다. 황제가 지나갈 때도 조선인은 절은 하여도 갓을 들어 인사하는 법은 없다.(최미경 옮김 2001: 89~90)

문외국자전 門外麴子廛

◎ 시전의 상언(上言)　저희들의 전업(廛業)은 누룩[麴子]를 사고파는 것에 지나지 않아 피잔(疲殘)함이 막심한데, 금위영에서 군병을 호궤할 때 소용(所用)되는 누룩을 들어오는 대로 가져다 쓰고는 값을 깎아서 지급하니, 낙본이 아주 많습니다. 이는 실로 저희들이 지탱하기 어렵고 고치기 힘든 폐단이니, 특별히 변통하여주시기 바랍니다.

◎ 비변사의 제사(題辭)　이 전[本廛]의 누룩을 금위영에서 호궤할 때에 값을 치르지 않고 미리 가져다 쓴 것은 이미 법으로 금한 일을 어긴 것이고, 싸게 값을 치러 낙본을 면하지 못하니, 이다음에는 시가에 따라 값을 치른 후에 가져다 쓸 것을 금위영에 엄칙하라.

　門外麴子廛

　一矣等廛業不過麴子買賣疲殘莫甚而禁營軍兵

犒饋時所用麴子隨入取用減價上下落本太多此

實矣徒難支之痼弊特爲變通事

本廛麴子禁營犒饋時不給價先取用已違法禁從輕

給價未免落本此後則從市直給價後取用事嚴飭禁

營

누룩 (출처: 한국민족대백과)

국자(麴子)는 누룩을 가리키는데, 『시폐』 이외의 다른 자료에는 문외국자전(門外麴子廛)이 등재되어 있지 않다. 누룩에 관계된 전으로는 앞서 은전 항목에서 소개한 은국전만이 보이며, '은국전(銀麴廛)', '은국전(銀麴廛)', '은면전(銀麵廛)' 등으로 표기되어 있다. 『한경지략』에서는 은국전에서 "술을 만드는 누룩을 판다"고 하였으며(賣造酒之麴), 누룩의 "색이 하얗기 때문에 은국이라 불렀다"고 하였다(色白故稱銀麴). 은국전의 위치에 대해서 『한경지략』에서는 "입전 골목 어귀에 있다"고 하였고(在笠廛屛門), 『동국여지비고』에서는 "전의감동 입구의 동쪽 편에 있다"고 하였다(在典醫監洞口東邊).

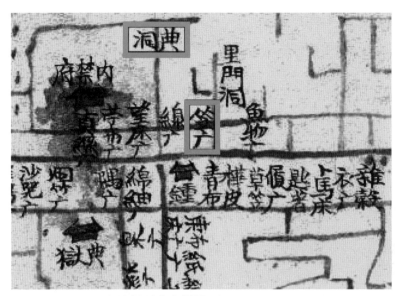

입전[笠广]과 전의감동[典洞] (출처: 『청구요람』)

도자전 刀子廛

◎ 시전의 상언(上言) 저희들은 도자장(刀子匠)이어서 이를 따라 전명(廛名)을 붙였으며, 갑자년(1744)부터 지금에 이르기까지 모든 크고 작은 국역(國役)과 평시서의 삭미(朔米) 등을 폐단 없이 받들어 행하였습니다. 대개 저희 전의 물화는 단지 칼뿐인데도 잡역(雜役)은 다른 전보다 여러 곱절이나 됩니다. 이른바 박물(博物)이라 칭하는 전이 저희 전의 물종을 갑자기 빼앗은 지 여러 해여서, 저희들은 미잔(微殘)한 전으로서 실업(失業)하고 거꾸로 매달려 폐시(廢市)할 지경에 가까이 이르렀으므로, 비변사에 정소(呈訴)하여 이른바 도자 난전(亂廛)을 엄중히 다스려 통금(痛禁)하게 하는 제사(題辭)를 받았습니다. 그렇지만 저들은 강하고 저희는 약해서 못 하도록 막기 어려우니 너무나 원통합니다. 각별히 변통하셔서 보생(保生)하게 해주시기 바랍니다.

◎ 비변사의 제사(題辭) 다른 전에서 이미 금단하였으니, 마찬가지로 시행하라.

刀子廛

一矣徒等以刀子匠仍爲廛名者粤自甲子以至于

今凡大小　國役及本署朔米等物無弊奉行盖矣

廛物貨則只刀子而雜役則倍蓰於他廛矣所謂博

物稱廛者遽奪矣廛之物種積有年所矣等以微殘

之廛失業倒懸幾至於廢市之境故呈于備局則所

謂刀子亂廛嚴治痛禁事受題而彼强此弱難以禁

制極爲冤痛各別變通以爲保生事

他廛已爲禁斷一體施行

✸

도자(刀子)는 칼을 가리킨다. 『한경지략』에 따르면, 도자전(刀子廛)은 방물전(方物廛)이라고도 하였으며, "작은 장도 및 담배합, 부녀자의 노리개, 금이나 은으로 만든 가락지, 머리 방울 등의 물건을 팔"았다(賣小粧刀及煙盒婦人佩飾金銀指環首釵等物). 『동국여지비고』에는 은비녀[銀釵]도 보인다. 『한경지략』에서, 도자전은 다른 전처럼 점포에 해당하는 방(房)을 확보하지 않은 채 "시인의 다수가 종가 위에 한데 앉아" 물건을 판다고 하였다(市人多露坐於鍾街上). 도자전이 무푼전이었음은 두말할 필요도 없다.

"갑자년부터 지금에 이르기까지"라고 한 데서 도자전의 설립 시점이 1744년이었음을 알 수 있다. 도자전이 갑자년에 설립되었음은 『일성록』

및 『비변사등록』의 기사를 통해서도 확인된다(변광석 2002: 63). 『시폐』에서는 "저희 전의 물화는 단지 칼뿐"이라고 하였지만, 이후에는 『한경지략』에서와 같이 취급 물종이 변화하였음을 알 수 있다. 1885년 평시서에서 도자전에 발급해준 등급(謄給)에서는 패물(貝物)·밀화(蜜花)·산호(珊瑚)·금패(金貝)·호박(琥珀)·진옥(眞玉)·진주(眞珠)·장도(粧刀)·대모(玳瑁) 등이 보인다(고동환 1995: 250).

도ᄌ전마로져ᄌ 금은보픠노여고나
룡잠봉잠셔복잠과 간화잠장포잠과
앞뒤비녀민죽졀과 개고리안친쪽빈녀며
은가락지옥가락지 보기조흔밀화지환
금픠호박가락지와 갑만흔슌금지환
노리개볼작시면 ᄃᆡ삼작과소ᄉᆞᆷ작과
옥나븨금벌이며 산호가지밀화불슈
옥장도ᄃᆡ모장도 빗조흔삼ᄉᆡᆨ실노
ᄼᆞᆫ슐푼슐가진미듭 번화ᄒ기칭냥업다

刀子廛 마로져재에 金銀寶貝 놓였구나.
龍簪 鳳簪 瑞福簪과 間花簪 菖蒲簪과
앞뒤 비녀 민竹櫛과 개구리 앉힌 쪽비녀며,
銀가락지 玉가락지 보기 좋은 蜜花 指環,
錦貝 琥珀 가락지와 값 많은 純金 指環,

노리개 볼작시면, 大三作과 小三作과

玉나비 金벌이며, 珊瑚 가지 蜜花 拂手

玉粧刀 玳瑁粧刀, 빛 좋은 三色실로

꼰술 푼술 갖은 매듭 繁華하기 測量없다.

- 출처: 『한양가』

   방물전이라는 별칭은 도자전에 대해서만 주어졌던 것이 아니다. 뒤에 나오는 분전 항목에서도 방물전이라는 별칭이 보인다. '방물'이 '도자'나 '분'의 상위 개념이므로, '방물전'이 특정 전의 고유한 별칭이었다기보다는 한 가지 유형으로서 '여성 용품을 판매하는' 전을 일반적으로 가리킨 것으로 이해하면 되겠다. 시골에 보따리장수[褓商]와 같은 행상(行商)이 가가호호 방문하는 방식의 방물장수가 있었다면, 서울에는 도자전이나 분전과 같은 정주상(定住商)이 손님을 기다리는 방식의 방물전이 있었던 것이다.

문외장목전 門外長木廛

◎ 시전의 상언(上言) 기로소의 젖소 구유[駱牛槽] 및 넉가래[木加乃], 나무 약
절구[擣藥木杵] 등의 물건을 번번이 체문[帖文]을 내려 가져다 쓰고 끝내 값
을 치르지 않으니 또한 심히 원통하고 답답한 일입니다.

◎ 비변사의 제사(題辭) 기로소에서 값을 치르지 않고 나무 구유, 넉가래,
나무 약절구 등의 물건을 가져다 쓴다니 극히 이상하고 놀랍다. 마땅히 조
사해내어 엄중하게 처단할 바인데, 일이 끝난 뒤에 추론(追論)하는 것 역시
지나치게 심한 것 같으니 잠시 보류하고, 이다음에 만약 예전의 관습을 다
시 따른다면 내의원[藥房]은 죄를 논하고, 하인배는 법사에 보내어 죄를 다
스리도록 하라.

◎ 시전의 상언(上言) 난전의 폐단은 어느 전에서나 근심하지 않겠습니까마
는 저희 전이 가장 심합니다. 뚝섬 이하 연강(沿江)의 여러 곳에서 무뢰배가

세력을 믿고 난매하는데, 뚝섬은 곧 목물(木物)이 흘러 내려오는 첫 목입니다. 그중에서 돈이 있는 자가 제멋대로 타발(打發)하여 강변에 높이 겹쳐 쌓아놓고 마음대로 부려 저희 전에 발매하니 가히 회빈작주(回賓作主, 손님이 도리어 주인행세를 함)라 이를 만합니다. 그들 난전하는 무리가 조금도 고기(顧忌, 뒷일을 염려하고 꺼림)하지 않고 공연(公然)히 이익을 취하여, 저희 전은 단지 국역에 응하면서 앉아서 시업(市業)을 잃어버리니, 장차 어떻게 보존하겠습니까? 각별히 엄금하여주시기 바랍니다.

◎ 비변사의 제사(題辭) 다른 전에서 이미 금단하였으니, 마찬가지로 시행하라.

門外長木廛

一耆老所駱牛槽及木加乃擣藥木杵等物每每下
帖取用而終不給價亦甚寃悶事

耆老所不給價取用木槽木加乃擣藥木杵等物極爲
駭然所當査出嚴勘而事過後追論亦近已甚姑爲安
徐而此後若復踵前習則藥房論罪下屬移法司科治

一亂廛之弊何廛不患而矣廛最甚也纛島以下沿
江諸處無賴輩藉勢亂賣而纛島則乃木物流下初
項而其中有錢者私自打發積峙江邊操縱發賣於
矣廛可謂回賓作主也渠以亂廛之類少無顧忌公
然取利矣廛則只應　國役坐失市業將何保存乎
各別嚴禁事

他廛已爲禁斷一體施行

❉

앞서 살펴본 내장목전과 비교해볼 때, 『시폐』의 문외장목전(門外長木廛)은 다른 자료들에서 보이는 외장목전(外長木廛)에 해당하며, 무푼전이었다. 『한경지략』에서는 외장목전에서 "크고 작은 집 재목을 판다"고 하였으며(賣大小屋材), "성 밖의 여러 곳에 있다"고 하였다(在城外各處).

뚝섬의 무뢰배가 난전하는 일에 대한 호소는 내장목전에서와 비슷하다. 이는 내외의 장목전에서 공급하는 재목이 한강 상류의 것이며, 강을 통해 내려오는 배로부터 확보되고 있었음을 의미한다. 뚝섬이 "목물이 흘러 내려오는 첫 목"이었음은 한강의 나루[津]를 보기 좋게 나열해 놓은 『팔도군현지도(八道郡縣地圖)』를 통해 쉽게 확인된다. 뚝섬의 무뢰배 중에서 내장목전이나 문외장목전을 가장 힘들게 한 자들은 소위 돈 있는 자들, 즉 '유전지배(有錢之輩)' 또는 '유전자(有錢者)'였다.

나무 구유

넉가래

(출처: 농업박물관)

『시폐』에는 내장목전과 문외장목전만이 보이지만, 기타 무푼전 중의 하나로서 오리목전[條里木廛]도 있었다(『육전조례』).

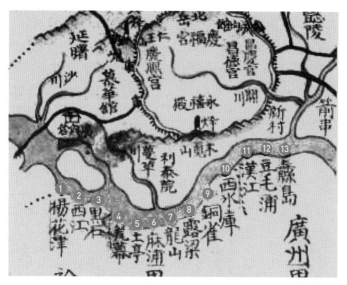

① ② ③ ④ ⑤ ⑥ ⑦ ⑧ ⑨ ⑩ ⑪ ⑫ ⑬
양화진 – 서강 – 흑석 – 옹막 – 토정 – 마포 – 용산 – 노량 – 동작 – 서빙고 – 한강 – 두모포 – 뚝섬
楊花津 – 西江 – 黑石 – 瓮幕 – 土亭 – 麻浦 – 龍山 – 露梁 – 銅雀 – 西氷庫 – 漢江 – 豆毛浦 – 纛島

(출처: 『팔도군현지도』의 「양주(楊州)」)

시폐 제3책

市弊 三

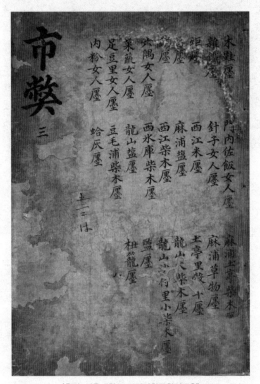

(출처: 서울대학교 규장각한국학연구원)

33

목혜전 木鞋廛

◎ 시전의 상언(上言)　저희 전에서 유기목물승초혜전(柳器木物繩草鞋廛)과 서로 소송할 때에, 평시서 제조(提調)의 제사(題辭) 내에 "당초에 설혹 함께 팔았더라도 이미 분설(分設)하여 이름을 목혜(木鞋)라고 하였으니, 유기전(柳器廛)에서 목물이라 하며 빼앗아 사고팔려 하는 것은 극히 근거가 없을 뿐 아니라, 평시서에 고하지 않고 형조에 바로 정소한 것은 더욱 놀랄 만하니 이로써 분부하여 만약 뒷날에 횡침하는 일이 있거나 형조에 무고하면, 예전의 죄와 함께 엄하게 다스릴 것"을 엄하게 분부하신 뜻으로 저희 전에 등급(謄給)하셨습니다. 그 후 무신년(1728)에 유기전에서 또 기뇨(起閙, 소란을 일으킴)하였기에 평시서의 낭관(郎官)이 저희들이 세 번 승소하였다고 논품(論稟)하여 제조(提調)께서 제사(題辭)하시기를, "품(稟)에 따라 예전과 같이 처분하라 하였는데, 유기전은 여러 차례 처결한 뒤에도 관령(官令)을 따르지 않고 오히려 다시 번거롭게 소송하니 그 버릇이 놀랄 만하다. 장두(狀頭, 여러

사람이 연명으로 제출하는 소장의 맨 처음에 이름을 적는 사람)에게 장(杖) 30대를 집행하라." 하셨습니다. 또 경오년(1750)에는 유기전이 끝내 잘못을 고치지 않고 비변사에 무고하여, 제사 내에 "군졸이라 칭하는 자들이 시민(市民)의 이익을 아울러 차지하니 진실로 이미 부당하며, 전명(廛名)이 단지 승혜(繩鞋)인데, 다시 목혜(木鞋)를 침범하여 임의로 난매하는 것은 극히 통해(痛駭)하니 드러나는 대로 엄징하고 이로써 뒷날의 폐단을 막되, 그 난매하는 폐단을 금단할 수 없으면 마땅히 잘못을 따져 꾸짖되 우선 사보(査報)하도록 한성부에 감결을 보내라." 하셨습니다. 대체로 도성 안의 각전에는 각기 그 전담하는 물건이 있어서 서로 침범하지 않는 것이 금석지전(金石之典)인데, 유기전이 의정부와 평시서에서 처결한 뜻을 받아들이지 않고 저희 전의 하나뿐인 물종을 횡탈하는 것은 지극히 근거가 없습니다. 저희 전은 목혜라는 한 가지 물건을 일찍이 전업(專業)하여 이익 되는 바가 영성(零星, 수효가 적어서 보잘것없음)한데, 하물며 그들과 모두 같이 이익을 나눈다면 무슨 남음이 있겠습니까? 또 저희 전은 목혜 한 가지 물종에 지나지 않는데, 그 전은 유기(柳器)·목물(木物)·승초혜(繩草鞋) 등 물건이 수십여 종뿐만이 아니어서 그 이익의 풍후(豊厚)가 육주비전과 다르지 않은데도, 큰 욕심을 억누르지 않고 저희 전의 하나뿐인 물종을 횡탈하여 반드시 그 이익을 병탄(幷呑)하고자 하니 어찌 헤아릴 수 없을 만큼 놀랍지 않겠습니까? 저희들이 빼앗기고 분매(分賣)하여 이익 되는 바가 지잔(至殘)하므로 저희 전 중에서 3~4명은 생업을 버리고 스스로 물러났으며 남은 자들도 더욱 지탱하여 보존하기 어려우니, 특별히 명하여 변통해주셔서 각기 그 생업에 전념할 수 있게 해주시기 바랍니다.

◎ 비변사의 제사(題辭)　이 전에서 사고파는 것은 단지 목혜(木鞋) 한 가지 인데, 초물전(草物廛)에서 모두 같이 발매하고자 하는 것은 심히 근거가 없다. 또 여러 차례 쟁송하여 이 전에서 승소하였으므로 더욱 논할 만한 것이 없으니 각별히 금단할 것을 평시서에 분부하고 정식으로 삼아 시행하라.

　　木鞋廛

一矣廛與柳器木物繩草鞋廛相訟時本署提調題
辭內當初設或共賣旣已分設名以木鞋則柳器廛
謂之木物欲奪買賣極爲無據玆不喩不告本署徑
呈刑曹尤爲可駭以此分付如有日後橫侵是去乃
誣呈法曹則與前罪重治事嚴加分付之意矣廛處
膽給是白遣其後戊申年柳器廛又爲起鬧則本署
郎官以矣等之三度得決論稟提調題辭依稟仍前
處分而柳器廛累度處決之下不有官令猶復煩訴
其習可駭狀頭人決杖三十度爲白遣又於庚午年
柳器廛終不悛惡瞞訴備局題辭內以軍卒爲名者
兼籠市民之利固已不當而廛名只是繩鞋則復侵
木鞋恣意亂賣事極痛駭隨現嚴懲以杜後弊爲乎
矣不能禁斷其亂賣之弊則當有論責爲先査報事
捧甘京兆是白如乎大抵都下各廛各專其物無相
侵犯乃是金石之典而柳器廛不有廟堂與本署處
決之意橫奪矣廛之單物種極爲無據矣廛木鞋一

物曾雖專業所利零星况與渠等通同分利有何贏

餘乎且矣廛不過木鞋一物渠廛則柳器木物繩草

鞋等物不啻數十餘種其利之豊厚無異於六矣廛

以其無壓竪慾橫奪矣廛單物種必欲幷吞其利者

豈不萬萬痛駭哉矣等見奪分賣所利至殘矣廛中

三四人棄業自退餘存者尤難支保特賜變通各專

其業事

本廛買賣只木鞋一種則草物廛之欲爲通同發賣事

甚無據且累度爭訟本廛得決則尤無可論各別禁斷

事分付平市署定式施行

　　목혜전(木鞋廛)은 『시폐』이외의 다른 자료에서 찾아보기 어렵다. 목
혜전에서 인용한 평시서 제조의 제사(題辭)에 따르면 목혜전은 앞에서
살펴보았던 유기목물초혜전
으로부터 분설(分設)된 것이
지만, 유기목물초혜전과의
갈등이 여전히 남아 있었
다. 또한 "저희 전은 목혜라
는 한 가지 물건을 일찍이
전업"하였다는 말로 미루어

나막신 (출처: 조선대학교박물관)

볼 때 목혜전의 취급 물종은 나막신[木鞋] 한 가지였을 것이다. 나막신은 대표적인 우구(雨具) 또는 우장(雨裝)으로서 앞서 살펴본 삿갓[簑笠]의 보완재에 해당한다.

잡철전 雜鐵廛

◎ 시전의 상언(上言) 임시로 여러 도감을 설치할 때 및 수리할 때에 소용(所用)되는 여러 가지 철물은 호조에서 시우쇠[正鐵]를 내어주면, 구영선과 양자문에서 야장으로 하여금 만들어서 진배하게 하는 것이 본래부터 내려오는 규정입니다. 그런데 요사이는 해당 관아의 서원(書員)들이 국용(國用)을 맞이할 때마다 바로 저희 전에 와서는 여러 가지 철물을 위력으로 수탈하고, 심지어는 상자를 깨뜨리고서 모조리 가져가버리는데, 조금이라도 뜻대로 되지 않으면 번번이 잡아 가두는 재앙이 있습니다. 그 시우쇠 값은 야장의 공역(工役)과 점심(點心) 등의 값으로 받는 쌀이나 삼베와 아울러 중간에서 투식(偸食)하여, 앞뒤에 잃어버린 것이 그 수를 셀 수 없을 정도이니 이는 실로 시민의 지극히 원통한 일입니다.

◎ 비변사의 제사(題辭) 궐내의 수리 및 임시로 설치한 도감에 소용되는 철물은 호조에서 진배하는 것인데, 서원배(書員輩)가 모조리 투식하고는 이 전

[本廛]에서 사고파는 철물을 위력으로 빼앗아 가, 추위(推諉)하면서 지급하지 않다가 세월이 조금 오래되면 추출(推出)할 길이 없는 것은 일의 통탄스러움이 이보다 더 심할 수가 없다. 이다음에는 각별히 금단하고, 만약 다시 예전의 관습을 따른다면 해당 관원은 경중에 따라 죄를 논하고, 하인배는 법사에 보내어 죄를 다스리도록 하라.

雜鐵廛

一權設諸都監時及修理時所用各樣鐵物自戶曹
出給正鐵則九營繕兩紫門使冶匠打造進排者自
是流來之典而近來則該所書員等每當　國用直
到矣廛各樣鐵物威力搜括甚至於破櫃盡取以去
而少不如意則輒有囚禁之患是白遣同正鐵價冶
匠工役點心等價米布幷以中間偸食前後見失其
數無算此實市民之至冤事
闕內修理及權設都監所用鐵物戶曹進排而書員輩
盡爲偸食本廛買賣鐵物威力奪去推諉不給歲月稍
久則推出無路事之可痛莫此爲甚此後則各別禁斷
而若復踵前習則當該官員從輕重論罪下屬移法司
科治

『한경지략』에 따르면 잡철전(雜鐵廛) 역시 철물전과 마찬가지로 "여러 가지 철물을 팔고, 여러 곳에 있"었다(賣各色鐵物在於各處). 「산대별단」에 서는 내잡철전(內雜鐵廛)과 외잡철전(外雜鐵廛)의 구분이 보인다. 철물전 이 유푼전인 데 비하여 잡철전은 무푼전이었다는 점을 제외하면, 철물 전과 잡철전 간의 구별 기준에 대한 정보를 얻기는 어렵다. 기존 연구 에서는 "철물전은 일반 철제품의 신제품을 취급하였고, 잡철전은 고철 물(古鐵物), 파철물(破鐵物)을 취급하였다."고 하거나(강만길 1973: 134), 영조 8년(1732)에 설치된 파철전(破鐵廛)이 잡철전으로 개칭되었다고 보 았다(송찬식 1973: 20).

거전 炬廛

◎ **시전의 상언(上言)** 저희들 거전(炬廛)은 단지 두 명이 있어서 근근이 지탱하여 보존하고 있는데, 요사이 여가(閭家)에서 초롱[燭籠]이 풍속을 이루어 거업(炬業)은 부실해졌습니다. 인정문(仁政門)을 성조(成造)할 때의 산자꾼[散子軍]으로 말하자면¹, 시급한 일이라고 하여서 저희 전에서 한때 부역(赴役)하였는데, 한번 그런 일이 있은 후에는 모든 도감에서 성조할 때 번번이 부역에 저희들 두 명을 날마다 사역한 것이 헤아릴 수 없을 정도이고, 역가(役價)도 이미 없으니 지탱하여 견딜 수가 없습니다.

◎ **비변사의 제사(題辭)** 인정문의 조역(造役)이 성화같이 급하여 거전인(炬廛人)을 빌려다 쓰고 서슬[西乞]을 잘라 쓴 것은 일시적인 사역에 지나지 않는 것인데, 그 후에 각 도감에서 전에 없던 규칙을 만들어내어 거전을 침책한 것은 매우 놀랄 만하다. 이제부터 혁파하여 전과 같이 고립군(雇立軍)으로 사역할 것을 정식으로 삼아 시행하라.

◎ 시전의 상언(上言) 매번 식년(式年)을 맞이하여 한성부에서 응판관(應辦官)을 할 때에 크고 작은 홰[炬]를 가져다 쓴 수가 이미 한절(限節)이 없는데, 그 값을 지급할 때에 이르러서도 감고(監考)로 하여금 값을 정하게 하기 때문에 그 낙본되는 바가 다른 곳에 비해 너무 심합니다. 또 진연(進宴)할 때 및 여러 궁가에서 시호연(諡號宴)을 할 때에 소용(所用)되는 싸리젓가락[柵箸]을 매번 저희 전으로 하여금 담당하게 하시고 끝내 푼돈도 값을 치르는 일이 없으니 이는 실로 헤아릴 수 없을 만큼 원통하고 답답한 일입니다.

◎ 비변사의 제사(題辭) 한성부에서 응판(應辦)할 때 모든 관계되는 물종을 억지로 사지 못하게 할 것을 이미 절목(節目)으로 계하(啓下)하였으니, 이다음에 만약 예전의 관습을 다시 따른다면 관원은 경중에 따라 죄를 논하고, 하인배는 법사에 보내어 죄를 다스리도록 하라. 진연할 때 및 여러 궁가에서 (시호연할 때) 싸리젓가락을 대가 없이 가져다 쓰는 것은 사체(事體)가 한심하다. 진연할 때에는 공조로 하여금 싸리나무[柵木]를 진배하게 하여 도감에서 젓가락으로 만들어 쓰게 하고, 여러 궁가에서는 그 궁에서 시가[市直]에 따라 싸리를 사서 젓가락으로 만들게 하되, 만약 예전의 관습을 다시 따른다면 해당 관원 및 가장(家長)은 경중에 따라 죄를 논하고, 하인배는 법사에 보내어 죄를 다스리도록 하라.

炬塵

一矣等炬塵只有二人董董支保而近來閭家燭籠

成風炬業不實而至於　仁政門成造時散子軍段

以其時急之事矣塵一時赴役矣一自其後凡於都

監成造時每每赴役矣徒等二人逐日使役不知其
數而旣無役價不勝支堪事
仁政門造役急如星火借用炬塵人斫用西乞不過一
時使役者而其後各都監枒出無前之規侵責炬塵事
甚可駭自今革罷依前以雇立軍使役事定式施行
一每當式年漢城府應辦官時大小炬取用之數旣
無限節而及其價本上下時使監考定價故其所落
本比他尤甚而且 進宴時及諸宮家諡號宴時所
用杻箸每使矣塵擔當而終無分錢給價之事此實
萬萬冤悶事
京兆應辦時凡係物種毋得抑買事旣已節目 啓下
此後若復踵前習則官員從輕重論罪下屬移法司科
治而至於 進宴時及諸宮家杻箸無價取用事體寒
心 進宴時則使工曹進排杻木自都監造箸以用諸
宮家則自其宮從市直買杻造箸而如或復踏前習則
當該官員及家長從輕重論罪下屬移法司科治

　거전(炬塵)은 거자전(炬子塵)이라고도 하였으며, 『시폐』에 따르면 거전
의 취급 품목은 홰[炬], 서슬[西乞], 싸리젓가락[杻箸] 등이었다. 민간에
서 초롱이 홰의 대체재로 부상하게 되면서 단지 두 명이서 거전을 지탱

하고 있었다고 하니, 아마도 시안에 등재된 시전 중에서 가장 규모가 작은 전이 아니었을까 싶다. 『시폐』와 「산대별단」 외의 다른 자료의 시전 목록에서 거전이 보이지 않는 것으로 보아 19세기에 들어서기 전에 소멸된 것으로 추정된다. 앞서 염상전 항목에서 설명하였듯이, 19세기 자료에서는 혜정교잡전에서 중거(中炬)를 취급한 것으로 되어 있으므로 병합되었을 가능성이 높다.

36

창전昌廛

◎ 시전의 상언(上言) 경용(經用)하는 쇠가죽 값은 한 장에 현목(玄木) 3필인
데, 여러 곳에서 전약(煎藥)에 쓰는 쇠가죽은 의정부와 종친부는 한 장에 5
전, 중추부와 기로소는 7전 5푼, 금위영은 1냥, 어영청은 1냥 3전, 호조는 1
냥 5전, 훈련도감은 1냥 6전, 내의원은 1냥씩 지급해주시므로, 의정부 이하
의 여러 곳에서 절가(折價, 작정한 값)가 가장 많은 것을 호조의 공가와 비교
하더라도 모두 반의반도 차지 않으니 백지진배(白地進排)와 다름이 없는 일
입니다.

◎ 비변사의 제사(題辭) 호조의 가죽 값은 이미 전례가 있어서 가감(加減)하
는 것이 부당한데, 그 나머지는 치르는 값이 비록 고르지 않지만 의정부, 종친
부, 중추부, 기로소에서는 불과 5~7전을 지급하니 당연히 원통함을 호소하
는 원인이 되는 것이다. 모두 1냥으로 절가할 것을 정식으로 삼아 시행하라.

◎ 시전의 상언(上言) 요사이 무뢰한 사람이 난전하는 폐단이 하나의 고치기 힘든 폐단이 되어 저희들이 업으로 삼은 바를 멋대로 빼앗으니, 전인배(廛人輩)가 아래로부터의 사사로운 힘으로는 대항할 수가 없습니다. 각별히 엄금하셔서 낭유(稂莠, 강아지풀 또는 잡초)가 폐를 끼치는 근심이 없도록 해 주시기 바랍니다.

◎ 비변사의 제사(題辭) 다른 전을 따라 마찬가지로 엄금하라.

　昌廛

一經用牛皮價則每張玄木三疋諸處煎藥牛皮議

政府宗親府則每張五錢中樞府耆老所則七錢五

分禁衛營則一兩御營廳則一兩三錢戶曹則一兩

五錢訓鍊都監則一兩六錢內醫院則一兩式上下

是白乎所政府以下諸處折價之最多者比之戶曹

貢價則皆不滿半之半無異於白地進排事

戶曹皮價則旣有前例不當加減其餘則所給之價雖

不一議政府宗親府中樞府耆老所則不過以五七錢

上下宜有稱冤之端皆以一兩折價事定式施行

　一近來無賴之人亂廛之弊爲一痼弊專奪矣徒等

所業而廛人輩自下私力莫能相抗各別嚴禁俾無

稂莠貽弊之患事

依他廛一體嚴禁

창전(昌廛)은 혜저전(鞋底廛) 또는 이저전(履底廛)이라고도 하였다. 『한경지략』 및 『동국여지비고』에 따르면 창전은 무푼전이었으며, 취급 품목은 소가죽과 신발 밑창이었고(賣牛皮鞋底), 입전동에 있었다고 한다(在笠廛洞). 즉, 창(昌)이란 신발 밑바닥을 가리키는 '창'을 음차(音借)하여 표현한 것이다.

조선후기 서울에서 쇠고기 및 각종 부산물의 유통 경로는 다른 상품에 비해 여러 갈래로 나뉘었다. 앞서 우전 항목에서 설명한 바와 같이 송파장을 경유하여 우전으로 공급된 소는 현방에서 도축되어 물종별로 다시 각전을 통해 소비자에게 판매되었던 것이다. 이를 간략히 도식화하면 아래 그림과 같다.[1]

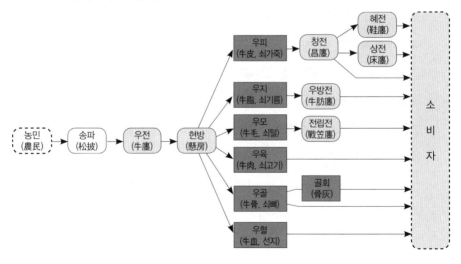

이 그림을 통해 유통망의 중심에 현방(懸房)이 있었음을 알 수 있는데, 이는 현방에서 도우(屠牛)를 했기 때문이다. 『진람』과 『한경지략』에서는 현방을 다음과 같이 각각 해설하고 있다.

현방은 소를 잡아서 팔고 사는 방(房)이다. 고기를 매달아놓고 살 사람을 기다리기 때문에 현방이라 한다.[2]

현방은 쇠고기를 파는 도사(屠肆)이다. 고기를 달아놓고 팔아서 현방이라 한다. 도성 안팎에 모두 스물세 곳이 있다. 모두 반민(泮民)으로 하여금 팔아서 생계를 유지하게 하고, 납부하는 세육(稅肉)으로 성균관[太學] 학생들의 음식을 봉양하는 반찬을 잇게 한다.[3]

현방 경영이 반민들의 전업(專業)이었기에 「산대별단」에서는 현방이라 하지 않고 "태학전복(太學典僕)"이라 하였다. 현방은 『시폐』가 아닌 『공폐』에 등재되어 있는데, 그렇다고 해서 현방을 공계(貢契)의 일종으로 보기는 어렵다. 『공폐』에는 각계(各契) 외에도 공장(工匠), 경주인(京主人), 현방 등이 수록되어 있기 때문이다. 또한 『동국여지비고』에서는 시전(市廛), 포사(舖肆) 다음에 한성 5부에 위치한 스물세 곳의 현방을 다음과 같이 소개하고 있다.

중부(中部)	하량교(河良橋), 이전(履廛), 승내동(承內洞), 향교동(鄉校洞), 수표교(水標橋)
동부(東部)	광례교(廣禮橋), 이교(二橋), 왕십리(往十里)
남부(南部)	광통교(廣通橋), 저전동(苧廛洞), 호현동(好賢洞), 의금부(義禁府)
서부(西部)	태평관(太平舘), 서문외(西門外), 정릉동(貞陵洞), 허병문(虛屛門), 야주현(冶鑄峴), 육조전(六曹前), 마포(麻浦)
북부(北部)	의정부(議政府), 수진방동(壽進坊洞), 안국방동(安國坊洞)

현방은 성균관에 세육을 납부했을 뿐만 아니라 속전 납부의 의무도 지고 있었다. 조선시대에는 소위 삼금(三禁)이라 하여 술을 마시지 못하게 한 주금(酒禁), 소나무를 베지 못하게 한 송금(松禁)과 더불어 소를 도축하지 못하게 한 우금(牛禁)이 있었다. 이렇게 농우(農牛)의 도살을 원칙적으로 금지하고 있었지만 현방은 도성 내에서의 도우(屠牛)를 특별히 허가받은 대신에 속전(贖錢)을 납부하였고, 이를 삼사속전(三司贖錢)이라 하였다. 속전은 실제로 범죄를 저질러서 속죄하는 과정에서 납부하는 것일 수도 있지만, 이렇게 사실상 영업세(營業稅)와 같이 부과되기도 하였던 것이며, 근대 이행기에 신설되는 포사세(庖肆稅)로 연결된다.

저전猪廛

◎ 시전의 상언(上言) 여러 상사(上司)와 각 도감에 돼지털을 진배할 때, 호조에 알리지도 용입(容入)을 헤아리지도 않고 성화같이 상납을 독촉하여 혹시 조금이라도 차지(差遲)하면 수치(囚治, 옥에 가두고 치죄함)의 걱정을 면할 수 없습니다. 여러 상사에 응납(應納)하는 것 외에 불시에 책징(責徵)하는 것도 또한 버티어 견뎌내기 어려웠고 그 사이 부비가 있어도 말할 수 없었습니다. 진배는 한도가 없는데 원래 값을 치러주는 일도 아니니 어찌 지극히 원통하지 않겠습니까? 이다음에는 등록(謄錄)에 따라 우선 호조에서 감결을 보낸 후에 진배할 것을 엄칙하여주시기 바랍니다.

◎ 비변사의 제사(題辭) 임시로 설치한 도감 및 여러 상사에서 소용(所用)하는 돼지털은 마땅히 호조에서 봉감(捧甘)하고 진배하게 하는 것인데, 이렇게 하지 않고 전인으로 하여금 억지로 상납하게 하고, 또 값을 치르지 않는 것은 사체(事體)가 극히 미안(未安)하다. 이다음에는 각별히 금단하여 혹시라도

예전의 관습을 다시 따르면 해당 낭청은 경중에 따라 죄를 논하고, 하인배는 법사에 보내어 죄를 다스리도록 하라.

◎ 시전의 상언(上言) 각 군문에서 호궤하실 때 저희 전의 부자(釜子)와 도자(刀子)를 모두 다 빌려서 쓰고, 돌려줄 때가 되어서는 혹은 파상(破傷)되거나 혹은 흐지부지 잃어버리니 너무나도 원통하고 억울합니다. 이번에 내의원에 진배한 물종의 값도 지급하지 않은 것이 많으니 그 원통하고 억울함이 또 어떠하겠습니까? 앞서 말씀드린 폐막(弊瘼, 고치기 어려운 고질적인 폐단)을 일절 방색(防塞, 하지 못하게 막음)해주시고, 응당 지급해야 할 물건은 하나하나 지급하여주시기 바랍니다.

◎ 비변사의 제사(題辭) 각 군문의 호궤는 없는 해가 없으니, 군문에서 철부(鐵釜)와 도자(刀子)를 비치하는 데에는 실로 어려운 바가 없을 텐데도, 구차하고 소홀하게 돼지전[猪廛]에서 빌려 가지려 하다니 극히 부당하다. 이다음에는 각 군문에 엄칙하여 횡침하지 못하게 하라. 내의원의 일은 마땅히 먼저 봉감한 후에 가져다 써야 하는 것인데, 바로 가져다 쓰고 또 즉시 봉감하지 않아서 이렇게 값을 받지 못하는 폐단이 있으니, 이다음에는 즉시 봉감하지 않는 서원을 법사로 보내어 죄를 다스리도록 하라.

◎ 시전의 상언(上言) 칙행(勅行)하실 때에 진배하는 돼지털은 많으면 100여 근에 이르지만, 한 푼도 값을 받는 것이 없으니 이 하나의 거폐(巨弊, 크나큰 폐단)는 실로 감당하기 어렵습니다. 각별히 처분하셔서 잔민(殘民)이 보존하지 못하는 한탄이 없도록 하여주시기 바랍니다.

◎ 비변사의 제사(題辭) 칙사(勅使) 시의 소용(所用)은 나례청(儺禮廳), 별공작(別工作), 수리소(修理所)에 불과한데, 돼지털을 대가 없이 진배하여 많게는 100여 근에 이르도록 전인에게 폐를 끼치니 당연히 억울하고 원통함을 호소하게 된다. 이다음에는 호조에서 봉감(捧甘)하여 가져다 쓰고, 도감의 각 방(各房)에서 직접 감결을 보내어 남봉(濫捧)하는 것 한 가지는 혁파한 후 각별히 금단할 것을 정식으로 삼아 시행하라.

　　猪鬣

一諸上司各都監猪毛進排時不報戶曹不計容入

星火促納少或差遲則未免囚治之患而至於諸上

司應納外不時責徵亦難支當其間浮費有不可言

進排則無限而元無給價之事豈不至冤乎此後則

依膽錄先甘戶曹後進排事嚴飭事

權設都監及諸上司所用猪毛事當捧甘於戶曹使之

進排而不此之爲勒令鬣人得納又不給價事體極爲

未安此後則各別禁斷而如或復踵前習則當該郎廳

從輕重論罪下屬移法司科治

一各軍門犒饋時矣鬣釜子刀子全數借用而還下

之際或破傷或闊失已極冤抑是白乎於今番內醫

院進排物種價多不上下其爲冤枉又如何哉右陳

弊瘼一切防塞是白乎於應上下之物一一上下事

各軍門犒饋無年無之則自軍門備置鐵釜刀子實無

所難而苟簡借得於猪廛極爲不當此後則嚴飭各軍
門毋得橫侵內醫院事當先捧甘後取用而直爲取用
又不卽捧甘有此未受價之弊此後則不卽捧甘之書
員移法司科治
　　一勅行時進排猪毛多至百餘斤而無一分受價此
　　一巨弊實爲難堪各別處分俾無殘民莫保之歎事
勅使時所用不過儺禮廳別工作修理所則猪毛無價
進排多至百餘斤貽弊廛人宜爲稱寃此後則自戶曹
捧甘取用都監各房直甘結濫捧一款革罷後各別禁
斷事定式施行

저전(猪廛)은 저전(猪廛) 또는 저육전(猪肉廛)이라고도 하였으며, 무푼
전이었다. 앞서 소개한 우전과 현방의 관계에 비추어볼 때, 생우(生牛)
를 취급한 우전과 달리 저전에서
생저(生猪)를 취급했다고 보기는 어
렵다. 오히려 저전은 도우(屠牛) 및
쇠고기 판매를 담당한 현방처럼 돼
지고기[猪肉] 및 그 부산물을 취급
한 곳이었을 것이다. 『한경지략』 및
『동국여지비고』에서는 저전이 여러

방상시탈 (출처: 한국민족문화대백과)

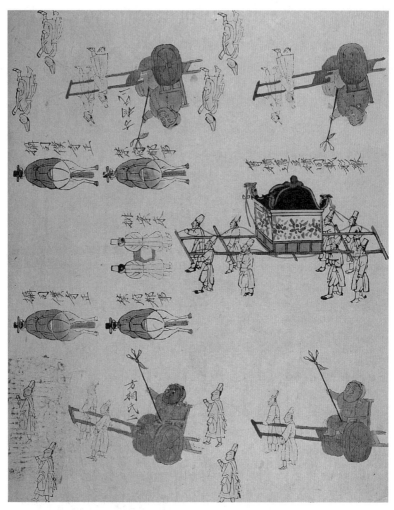

방상시 (출처: 『영조국장도감의궤(英祖國葬都監儀軌)』)

곳에 있었으며, 대상(大祥) 또는 대상(大喪)이 있을 때 저전인(猪廛人)을 방상시[方相氏]로 삼는다고 하였다.

인조조(1627)의 『나례청등록(儺禮廳謄錄)』

중국 사신을 맞이할 때 나례청(儺禮廳) 또는 나례도감(儺禮都監)을 설치하여 악귀를 쫓는 의식인 나례(儺禮)를 행하였는데, 이때 저전에서 돼지털을 진배한 사실을 『시폐』를 통해 확인할 수 있다.

38

육우전여인 六隅廛女人

◎ 시전의 상언(上言) 여자인 저희들의 전이 설치된 이후 한성부의 응판관 (應辦官)에 소입(所入)되는 과일을 관에서 값을 치르고 쓰셨는데 지금은 여자인 저희 전으로 하여금 그 각종의 과일을 진배하게 하고 반값도 주지 않으십니다. 또 해마다 각 군문에서 호궤하실 때에 일찍이 목판[隅板]을 진배하는 일은 없었는데 요사이 여자인 저희 전에 책납하면서 비록 돌려준다고 말은 하지만 태반을 흐지부지 잃어버리는데, 이는 바로 선공감 공인이 진배하는 물종이오니, 이처럼 횡당(橫當)합니다. 그리고 납약(臘藥) 만드실 때에 동아씨[冬瓜仁], 산사(山査), 모과[木瓜] 등물을 내의원에 진배한 후에 호조에서 주는 값이 절반에도 미치지 못하며, 종친부, 의정부, 중추부, 충훈부, 기로소에서 납약 만드실 때의 동아씨 및 전약(煎藥) 만드실 때의 대추약[大棗藥]에 소입되는 시설(柿雪)도 진배하였는데, 모두 값을 치르지 않으셨습니다. 또 여자인 저희 전은 단지 과일만을 업으로 하는데도, 호궤하실 때 축롱

(栲籠, 싸리바구니)을 진배하게 하는 것은 더욱 원통하니, 지금 축롱을 설전(設廛)한 지 이미 오래되었으니 마땅히 그 전에 책납하시기 바랍니다. 추국(推鞫)하실 때에 소용(所用)되는 과일을 들어오는 대로 진배한 것도 모두 값을 치르지 않아서 실로 보존하기 어렵습니다. 호위청(扈衛廳)과 각 군문의 군졸, 세가의 하인배가 금령(禁令)을 돌아보지 않고 낭자하게 난매하여, 피잔(疲殘)한 여자인 저희들은 감히 누구에게도 어떻게 하지 못하고서 좌시실업(坐市失業)하니 또한 극히 마음이 절박하오며, 해마다 온갖 종류의 과일을 일곱 차례나 기로소에 진배하고도 하나도 값을 받지 못하여 낙본이 매우 많으니 이 또한 감당하기 어렵습니다. 능행(陵幸)하실 때 및 진연(進宴)·길례(吉禮)하실 때, 칙사(勅使) 시에 목판, 축롱 등의 물종을 진배한 후에 거의 절반을 잃어버렸습니다. 앞서 말씀드린 여러 폐단을 한꺼번에 구혁(捄革)하여 보존할 수 있게 해주시기 바랍니다.

◎ 비변사의 제사(題辭) 한성부에서 응판할 때 소용되는 과일을 단지 반값만 주고 가져다 썼다는데, 한성부는 백성을 다스리는 아문인데도 가격을 억눌러 사들인 것은 결코 물종에 따라서 값을 고르게 하는 방도가 아니다. 이 다음에는 시가에 따라 사고팔 것을 엄칙하고 정식으로 삼아 시행하라. 군문에서 호궤할 때 목판을 진배하는 것은 근거가 없으며, 군문과 평시서는 원래 간섭하지 않으니, 여인의 전을 횡침한 것은 법에 크게 어긋난 일이다. 이 다음에는 목판의 진배라는 한 가지는 혁파할 것을 엄칙하고 정식으로 삼아 시행하라. 납약을 만들 때의 동아씨는 호조에서 각전에 분정(分定)하는 것이 옛 규례이니 그대로 두라. 종친부, 의정부, 중추부, 충훈부, 기로소에서 납약을 만들 때의 동아씨, 전약을 만들 때 대추약에 소입되는 시설을 대가 없

이 진배하는 것은 면목이 극히 미안하니 혁파할 것을 엄칙하고 정식으로 삼아 시행하라. 이 전의 업은 오직 과일인데, 호궤할 때 축롱을 진배하게 하는 것은 천만부당하니 혁파할 것을 엄칙하고 정식으로 삼아 시행하라. 추국할 때 진배한 과일 값을 모두 치르지 않은 것은 호조에서 값을 주지 않은 것이 아니라 필시 예빈시(禮賓寺)의 원역배(員役輩)가 중간에서 투식한 것이니, 이다음에는 관원이 과일을 받을 때 답인(踏印)한 체문[帖文]을 전인에게 바로 주고 호조에서 직접 값을 받도록 할 것을 엄칙하고 정식으로 삼아 시행하라. 능행, 진연·길례, 칙사 시에 목판을 진배하는 것은 전례(前例)이므로 지금 갑자기 그만둘 수는 없으니 그대로 두고, 위의 항목에서 여러 가지 금단한 것을 만약 어기는 자가 있으면 해당 관원은 경중에 따라 죄를 논하고, 하인배는 법사에 보내어 죄를 다스리도록 하라. 난전의 일은 다른 전을 따라 마찬가지로 엄금하라.

六隅塵女人

一女矣等塵見設以後漢城府應辦官所入果實自
官給價用之矣今則使女矣塵進排其各種果實而
不給半價是白乎於每年各軍門犒饋時曾無隅板
進排之事矣近來責納於女矣塵雖曰還下太半闕
失此是繕工貢人進排之物而如是橫當是乎旀臘
藥時多瓜仁山査木瓜等物進排內局後自戶曹所
給之價不及折半是白乎旀宗親府議政府中樞府
忠勳府耆老所臘藥時多瓜仁及煎藥大棗藥所入

柿雪亦有進排而全不給價是白乎所女矣廛則只
業果實而犒饋時杻籠進排尤涉冤痛而見今杻籠
設廛已久事當責納於該廛是白乎旀推鞫時所用
果實隨入進排而全不給價實爲難保是白乎旀扈
衛廳與各軍門軍卒勢家奴輩不顧禁令狼藉亂賣
而疲殘女矣等莫敢誰何坐市失業亦極痛迫是白
乎旀每年各色實果七次進排於耆老所而受價不
一落本甚多此亦難堪而　陵幸時及進宴吉禮時
勅使時隅板杻籠等物進排後居半見失是白置右
陳諸弊一倂抹革俾得保存事

漢城府應辦時所用實果只給半價而取用京兆乃是
治民之衙門抑價而買決非順物平價之道此後則從
市直買賣事嚴飭定式施行軍門犒饋時進排隅板事
無所據軍門平市元不干涉則橫侵女廛大是法外此
後則隅板進排一款革罷事嚴飭定式施行臘藥時冬
瓜仁自戶曹分定於各廛乃是舊例置之宗親府議政
府中樞府忠勳府耆老所臘藥時冬瓜仁煎藥時大棗
藥所入柿雪無價進排事面極爲未安革罷事嚴飭定
式施行本廛只業實果而犒饋時杻籠進排千萬不當
革罷事嚴飭定式施行推鞫時進排果實全不給價者
非戶曹不給價必是禮賓員役輩中間偸食此後則官
員捧果時踏印帖文卽給廛人使之直受價於戶曹事

嚴飭定式施行　陵幸進宴吉禮勅使時進排隅板乃

是前例今不可猝罷置之而上項各樣禁斷者若有犯

者當該官員從輕重論罪下屬移法司科治亂廛事依

他廛一體嚴禁

❂

　우전(隅廛)은 모전(毛廛) 또는 과전(果廛)이라고도 하며, 무푼전이었다.
과전은 과일 가게, 즉 여러 가지 과일을 파는 곳이라는 의미이다("賣各
種果實", 『한경지략』). 애초에 주요 도로의 '모퉁이'에서 설전(設廛)하였기
때문에 뜻[訓]을 빌려 우전으로, 음(音)을 빌려 모전이라 칭한 것이라고
한다("俗稱隅廛以其初設於要路隅仍呼爲隅廛矣", 『한경지략』). 시기에 따른 명
칭 변화의 추이에서 경향성이 관찰되지는 않으며, 여러 명칭이 병용되
었던 것으로 보인다.

동국문헌비고	1770	송현모전 (松峴毛廛)	정릉동모전 (貞陵洞毛廛)	문외모전 (門外毛廛)	상모전 (上毛廛)	하모전 (下毛廛)	전모전 (典毛廛)
산대별단	1784	송현우전 (松峴隅廛)	정릉우전 (貞陵隅廛)	문외우전 (門外隅廛)	상우전 (上隅廛)	하우전 (下隅廛)	전우전 (典隅廛)
탁지지	1788	송현모전 (松峴毛廛)	정릉동모전 (貞陵洞毛廛)	문외모전 (門外毛廛)	상모전 (上毛廛)	하모전 (下毛廛)	전모전 (典毛廛)
만기요람	1807	송현우전 (松峴隅廛)	정릉동우전 (貞陵洞隅廛)	문외우전 (門外隅廛)	상우전 (上隅廛)	하우전 (下隅廛)	전우전 (典隅廛)
한경지략	1830	송현과전 (松峴果廛)	정동과전 (貞洞果廛)	문외과전 (門外果廛)	상과전 (上果廛)	하과전 (下果廛)	전동과전 (典洞果廛)
동국여지비고	19세기	송현모전 (松峴毛廛)	정릉동모전 (貞陵洞毛廛)	문외모전 (門外毛廛)	상모전 (上毛廛)	하모전 (下毛廛)	전의감동모전 (典醫監洞毛廛)
육전조례	1864	송현우전 (松峴隅廛)	정릉동우전 (貞陵洞隅廛)	문외우전 (門外隅廛)	상우전 (上隅廛)	하우전 (下隅廛)	전동우전 (典洞隅廛)

여러 곳에 있었겠지만 큰 우전은 여섯 곳에 있었으므로("大廛凡爲六處", 『한경지략』), 육우전이라고 한 것이다. 『청구요람』에서는 종루에 인접한 요지에 위치한 우전이 보인다.

『한경지략』에서는 『경도잡지(京都雜志)』를 인용하는 방식으로 우전에서 판매한 과일 중에서 대표적인 것들을 다음과 같이 소개하고 있다.

『경도잡지』에서 이르기를, 배[梨] 중에서 좋은 것을 추향(秋香)이라 하는데, 황해도의 황주와 봉산 등의 지역에서 이른다. 감[柿]은 월화(月華)나 소원(小圓)이 유명하니 경기의 남양과 안산 지역에서 난다. 귤(橘)과 유자[榴]

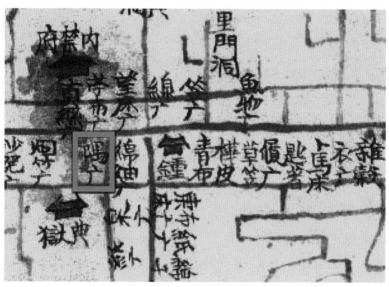

우전[隅广] (출처: 『청구요람』)

는 모두 남쪽에서 나며, 서울에서는 화분에서 기르는 석류(石榴)가 또 많다. 복숭아[桃] 중에서 털이 없는 것은 승도(僧桃)라 하고, 털이 있으면서 아주 크고 일찍 익으며 빨갛고 아름다운 것을 유월도[六月桃]라 한다. 울릉도 안에 많은 큰 복숭아의 씨를 가져와 심은 것을 울릉도(鬱陵桃)라 한다.[1]

『한양가』에도 우전에서 취급한 여러 가지 과일이 열거되어 있다.

> 남문안큰모젼의 각석실과다잇고나
> 쳥실니황실니와 건시홍시죠홍시며
> 밤디조잣호도며 포도경도외얏시며
> 셕류류즈복셩화며 룡안여지당디조라
>
> 南門안 큰 毛廛에 各色 實果 다 있구나.
> 쳥실늬, 황실늬, 乾柿, 紅柿, 早紅柿며
> 밤, 대추, 잣, 胡桃며 葡萄, 瓊桃, 오얏이며,
> 石榴, 柚子, 복숭아며 龍眼, 荔枝, 唐大棗라.
>
> – 출처: 『한양가』

우전은 이제까지 살펴본 다른 전과 달리 여자들에 의해 운영되었으므로 여인전(女人廛)이라 하였다. 『시폐』에는 우전을 포함하여 채소전(菜蔬廛), 족두리전(足豆里廛), 분전(粉廛), 반찬전[佐飯廛], 바늘전[針子廛] 등 여섯 곳의 여인전이 수록되어 있다(임인영 1986). 하나같이 당시 여자들의 일상적 소비와 관계된 품목들에 해당한다. 「산대별단」에서는 엿 가게인 백당전(白糖廛)도 여인전으로 분류되어 있다. 앞에서 소개한 바와 같이 월외전(체계전)과 도자전은 여자들이 소비한 물종을 다루면서도 여인전에 속하지 않았다.

채소전여인 菜蔬廛女人

39

◎ 시전의 상언(上言) 여자인 저희들이 채소를 업으로 삼아 다만 여인의 잔전(殘廛)으로 시안에 입속(入屬)하여, 무릇 군정(軍丁)에의 간여, 다소의 잡역, 삭미(朔米)의 출렴(出斂) 등의 일을 상우전(上隅廛)의 예와 같이 담당해왔는데 지탱하여 견딜 수 없었습니다. 국가의 길흉 및 칙사(勅使) 시와 추국(推鞫) 시에 잡다한 채소를 상납하지 않은 날이 없었으며, 이른바 미나리, 팥, 무, 오이, 호박 등의 물종 가격이 1~2푼에 지나지 않았는데, 진배할 때의 정채(情債)로 꼭 냥돈[兩錢]을 써야지만 생경(生梗)을 득면(得免, 잘 피하여 벗어남)할 수 있었습니다. 의금부로 말하자면, 납부한 채소의 값을 징수하여 받는데 하루에 들어간 것이 많게는 2전이고 1년을 통틀어 계산하면 거의 70여 냥이 넘습니다만, 받았다는 체문[帖文]을 반드시 날마다 성급(成給, 작성하여 발급함)해주지는 않으니, 여자인 저희들이 또한 하나하나 받아내기도 어렵습니다. 호조에서 값을 치르실 때에 단지 체문에 따라서 상준(相准, 서로 비교

하여 검토함)하시기 때문에, 잃는 바가 절반이 넘습니다. 신미년(1751) 5월부터 지금에 이르기까지 진배한 수효가 100여 냥이나 되는데 빚진 것은 산더미 같으니 장차 뿔뿔이 흩어짐을 면할 수 없으며, 또 내의원과 다섯 상사(伍上司)의 납약(臘藥)에 소입(所入)되는 동아씨를 제때가 아닌데도 책납하니 중간의 부비가 10배이며, 혹시 조금이라도 더디거나 늦으면 출패(出牌)하여 수치(囚治)하니 더욱 감당하고 참아내기 어렵습니다. 여자인 저희 전의 물종은 채소에 불과하여 그 이익이 푼돈에 지나지 않거늘, 요사이 호방하고 사나운 군졸과 세가의 하인배가 채물(菜物)을 도집(都執, 매점 또는 독점)하여 곳곳에서 난매하며 전업(廛業)을 횡탈하니, 여자인 저희들로 하여금 국역에 응하고 빈터를 지키게 하여 공연(公然)히 실업(失業)하니, 잔약(殘弱)한 여인이 이미 견디어 막아내기 어렵습니다. 또한 관에 고하여 금해달라고 청할 수도 없어서 고통을 참으면서 원통함을 품고 있었으니, 특별히 명하여 역을 줄이신 후에 의금부에 진배한 채소 값은 또한 호조에 명하여 바로 지급해주시며, 저희들이 이미 앞뒤에 진배하였지만 지급하지 않은 값도 역시 바로 수효를 헤아려 지급해주십시오. 동아씨의 경우에는 내의원과 외각사(外各司)에서 저희 전을 절대로 침책하지 못하게 하시며, 응판에 소용(所用)되는 물종을 진배한 후에는 값을 좀 더 일찍 지급하셔서 낙본이 너무 많아지는 폐단이 없도록 하심으로써 생업을 보전하고 안주하도록 해주시기 바랍니다.

◎ 비변사의 제사(題辭) 이 전은 이미 시안에 등재되어 있으니, 삭미와 군정 등의 역은 다른 전과 마찬가지로 응역(應役)이므로 만약 원통함을 호소하는 단서가 있으면 평시서에 분부하여 역을 균등하게 하라. 국가에 일이 있을 때나 칙사 시에 채소를 진배하면서 그 값은 푼돈에 불과한데 정채가 거의

100배가 된다면, 일이 지극히 놀랄 만하다. 추국할 때에 의금부에 납부하는 것을 값보다 더 받는 것도 진실로 극히 이상하고 놀랍다. 봉상(捧上)한 후에 채소 값의 체문을 받아내지 못하는 것도 또한 불쌍하고 가엾다. 이다음에는 봉상할 때 바로 답인(踏印)한 자문[尺文]을 주어서 호조에서 값을 바로 받도록 하라. 다섯 상사의 납약에 소입되는 동아씨는 혁파할 것을 다른 전에 따라 금단하고, 응판할 때의 진배는 억지로 사들이지 말 것을 명령하고 시가에 따라 가져다 쓸 것을 또한 각별히 엄칙하여 금단하되, 이다음에 만약 예전의 관습을 다시 따른다면 해당 관원은 경중에 따라 죄를 논하고, 하인배는 법사에 보내어 죄를 다스리도록 하라.

茶蔬廛女人

一女矣等以茶蔬爲業而顧以女人殘廛入屬市案
凡干軍丁及多少雜役朔米出斂等事擔當如上隅
廛例不勝支堪而　國家吉凶與勅使時推鞫時雜
種茶蔬無日不納而所謂水芹小豆青根青苽胡朴
等物價不過一二分者而進排時情債必費兩錢而
得免生梗至於禁府則所納茶蔬以價徵捧一日所
費多至二錢通一年計之殆過七十餘兩而捧上帖
必不逐日成給而女矣等亦不能一一受出而自戶
曹給價時只從帖文相准故所失過半自辛未五月
至于今進排之數爲百餘兩負債如山將未免渙散
是白乎旀且內局五上司臘藥所入冬瓜仁非時責

納中間浮費十倍而少或遲緩則出牌囚治尤難堪
忍是白乎於女矣廛物種不過菜蔬其利不過分錢
是白去乙近來豪悍軍卒勢家奴輩都執菜物處處
亂賣橫奪廛業使女矣等應　國役守空址而公然
失業殘弱女人旣難禁禦且不得告官請禁忍痛含
寃是白如乎特令減役後禁府進排菜蔬之價亦令
戶曹直爲上下是白乎於矣等已進排前後未上下
之價亦卽計數上下是白遣夛瓜仁段內局外各司
切勿侵責於矣廛爲白乎於應辦所用物種進排後
價錢趁卽上下俾無落本太多之弊以爲保生安業
之地事
本廛旣載市案則朔米軍丁等役與他廛一體應役而
若有稱寃之端分付平市使之均役　國家有事時勅
使時進排菜蔬其價不過分錢而情債幾爲百倍則事
極可駭推鞫時禁府所納以價濫捧誠極痛駭捧上後
不能受出菜價帖文亦爲可矜此後則捧上時卽給踏
印尺文以爲直受價於戶曹之地五上司臘藥所入夛
瓜仁革罷事依他廛禁斷應辦時進排勿令勒買從市
直取用事亦各別嚴飭禁斷而此後若復踵前習則當
該官員從輕重論罪下屬移法司科治

채소전(菜蔬廛)은 소채전(蔬菜廛)이라고도 하였으며, 무푼전이고 여인전이었다. 여러 가지 채소를 팔았으며("賣各種蔬菜", 『한경지략』), 종루, 칠패, 배오개 등지에 있었다("在鍾樓及七牌", 『한경지략』. "一在鍾樓一在梨峴", 『동국여지비고』). 『시폐』에 거론된 채소는 미나리[水芹], 팥[小豆], 무[菁根], 오이[靑苽], 호박(胡朴), 동아씨[冬瓜仁] 정도이다. 『한경지략』에서의 다음과 같은 설명은 당시에 인기 있었던 채소가 어디서 재배된 어떤 것이었는지를 짐작하게 한다.

동대문 밖, 왕십리, 살곶이벌[箭串坪]의 무[蘿蔔], 동대문 안, 훈련원 밭의 배추[菘菜], 남대문 밖 청파의 미나리[芹]를 제일로 여긴다.[1]

40

족두리전여인足豆里廛女人

◎ 시전의 상언(上言) 여자인 저희 전은 헌 명주옷을 검게 물들여서 영자(纓子)의 매끼[結箇]를 만드는 것을 업으로 삼아, 가난해서 모양이 말이 아닌 가운데, 각처에서 각 상전(床廛)이 난매하여 이익을 빼앗는 것을 금단할 수 없어서 너무나도 원통합니다. 그중에서 청포전(靑布廛)은 봄가을의 낙본전(落本錢)을 계절마다 1냥씩 받아갔고, 동옷[襦衣]의 봉조군(縫造軍) 및 칙사 시의 방배(房排)에 소입(所入)되는 봉조군과 군사들에게 호궤할 때, 칙사연향(勅使宴享)할 때에 목판과 축롱을 진배하는 것도 실로 지탱하여 감당하기 어려우니, 이 잔전(殘廛)을 돌아보셔서 평시서에 내는 삭미를 두 말 석 되로 해주시고, 앞서 말씀드린 여러 가지 폐막은 특별히 명령하여 변통하신 후에 지존(支存)할 수 있게 해주시기 바랍니다.

◎ 비변사의 제사(題辭) 족두리는 여인(女人)·잔전(殘廛)의 업에 지나지 않는데, 상전(床廛)에서 난전하여 이익을 뺏는 것은 극히 근거가 없으니 평시서

에서 각별히 금단하라. 여러 가지 봉조군은 각전에 분배하여 거행하는 것이므로 들어 시행할 수는 없다. 호궤나 연향 등을 할 때 축롱을 내는 것은 각 시전(柴廛)에서 이미 담당하고 있으므로 단지 목판만 진배하게 하는 것이 마땅하다. 삭미는 평시서 관원의 구가(丘價) 및 원역 등의 삭료를 그 쇠잔하고 번성함에 따라 각전에 균배(均排)하는 것이고, 낙본전의 일은 무릇 공가(公家)의 무역에 관계되는 것으로서 그 값이 부족하면 각전에서 균출(均出)하여 첨가(添價)하는 것이니, 이는 평시서에서 응당 행해야 하는 것이므로 모두 그대로 두라.

　　足豆里廛女人

　一女矣廛段以破紬衣黑染而造成纓子結箇爲業

　殘不成樣之中各處各床廛之亂廛奪利者不能禁

　斷已極冤痛而其中靑布廛春秋落本錢每等一兩

　式收捧是白遣襦衣縫造軍及勅使時房排所入縫

　造軍與犒軍時勅使宴享時隅板杻籠進排實難支

　堪而顧此殘廛本署納朔米爲二斗三升是白置右

　陳各樣弊瘼特賜變通俾得支存事

　足豆里此不過女人殘廛之業床廛之亂廛奪利極爲

　無據自平市署各別禁斷各樣縫造軍此是各廛之分

　排擧行者不可聽施犒饋宴享等時杻籠則各柴廛已

　爲擔當只令進排隅板宜當朔米則本署官員丘價及

　員役等朔料從其殘盛均排各廛者落本錢事凡係公家

貿易其價不足則各廛均出添價者此是本署應行者

並置之

❄

족두리전(足豆里廛)의 '족두리(足豆里)'는 차자(借字) 표기에 해당한다. 다른 자료에서는 '족두리전(簇頭里廛)' 또는 '족도리전(簇道里廛)'이라고도 하였다. 종루에 있었고, 부녀의 머리 장식을 팔았으며("在鍾樓賣婦人首飾", 『동국여지비고』), 무푼전이자 여인전이었다.

『시폐』를 통해 "헌 명주옷을 검게 물들여서 영자의 매끼를" 만들었음을 알 수 있듯이, 족두리전은 유통뿐 아니라 가공(수공업)에도 종사하였다. 즉 족두리전의 여인들은 반공반상(半工半商)이었으며, 재료의 구매처는 의전(衣廛) 또는 면주전(綿紬廛)이었다(송찬식 1973: 26~27).

다른 전과 달리 족두리전이 호소한 부담 중에서 눈에 띄는 것은 봉조군(縫造軍)인데, 뒤에서 살

(출처: 국립중앙박물관)

펴보게 될 분전(粉廛)에서도 마찬가지의 호소를 하고 있다. 『동국문헌비고』나 『탁지지』에 따르면, 18세기에 유푼각전이 부담해야 했던 국역은 수리(修理)와 도배(塗褙) 두 가지였다. 하지만 『만기요람』, 『한경지략』, 『육전조례』, 『동국여지비고』 등 19세기 자료에서는 수리 및 도배와 더불어 봉조(縫造)의 경우에도 푼수[分數]에 따라 출역하는 것으로 명시되어 있다. 그런데 『시폐』의 족두리전은 18세기의 무푼전이지만 봉조군으로 출역해야 하는 부담을 안고 있었다. 족두리전의 호소에 대해 비변사에서 "여러 가지 봉조군은 각전에 분배하여 거행하는 것이므로 들어 시행할 수는 없"다는 답변을 내리고 있기 때문이다.

내분전여인 內粉廛女人

◎ 시전의 상언(上言) 여자인 저희 전에서 달마다 평시서에 납부하는 삭미가 서 말이나 될 정도로 많은데도, 평시서에 달마다 내는 장무채전(掌務債錢)이 2전, 그리고 과장(科場) 시에 출렴(出斂)하는 대과전(大科錢)이 5전, 소과전(小科錢)이 3전입니다. 동옷[襦衣] 봉조(縫造)와 칙사 시의 방배(房排) 봉조 및 주락장(周落匠) 소용(所用)의 세옥주(細玉珠), 보루각에 진배하는 세옥주, 은장(銀匠) 소용(所用)의 세옥주, 각 도감에 진배하는 세옥주, 모든 대소(大小)의 길례(吉禮) 시에 진배하는 목판과 축롱, 호군(犒軍) 시의 축롱, 충훈부(忠勳府)의 오매(烏梅) 진배, 크고 작은 수리를 할 때의 능군(陵軍), 예장도감(禮葬都監)의 봉조군은 변통해주셔서 보존할 수 있게 해주시기 바랍니다.

◎ 비변사의 제사(題辭) 삭미의 일은 평시서의 삭미가 한 섬당 대신 내는 돈이 10여 냥이기 때문에 너무나 근거가 없다. 몇 해 전에 의정부에서 신칙하였는데도 오히려 다시 전과 같으니 일이 극히 놀랄 만하다. 평시서에서 지

금 이미 줄여서 정하였으니 영구히 준행하여 각전으로 하여금 실질적인 혜택을 균등히 받을 수 있도록 하라. 앞으로 만약 혹시라도 점점 늘려서 정한다면 드러나는 대로 엄중하게 처단할 것을 정식으로 삼아 시행하라. 장무전의 일은 대과·소과 시에 출렴하는 돈의 일로서 그 유래가 이미 오래되었으니 갑자기 변통하기는 어렵다. 봉조의 일, 세옥주의 일, 목판·축롱의 일은 각전에서 이미 구처(區處)하였으니, 것과 마찬가지로 시행하라. 오매의 일은 충훈부에 분부하여 즉시 혁파하라.

內粉塵女人

一女矣塵每朔所納本署朔米爲三斗之多而本署
每朔掌務債錢二錢及科場時出斂大科錢五錢小
科錢三錢是白乎旀襦衣縫造與勅使時房排縫造
及周落匠所用細玉珠漏局進排細玉珠銀匠所用
細玉珠各都監進排細玉珠凡大小吉禮時進排隅
板柮籠犒軍時柮籠忠勳府烏梅進排大小修理時
陵軍禮葬都監縫造軍乞賜變通俾得保存事
朔米事平市署朔米每一石代錢十餘兩故事甚無據
年前自廟堂申飭而猶復如前事極可駭本署今已
減定永久遵行使各塵均蒙實惠前頭如或次次加定
則隨現嚴勘事定式施行掌務錢事大小科時出斂錢
事其來已久猝難變通縫造事細玉珠事隅板柮籠事
各塵已有區處一體施行烏梅事分付勳府卽爲革罷

분전(粉廛)에서는 분, 연지, 색실을 팔았는데("賣粉臙脂色絲", 『동국여
지비고』), 방물전이라고도 하였으며("稱方物廛", 『동국여지비고』), 무푼전
이었다. 여자 상인이 판매를 맡았던 여인전이었는데("女賈所賣", 『한경
지략』), 돌아다니면서 팔기도 하고, 좌판을 하기도 하였다("或女商行賣坐
賣", 『동국여지비고』). 내외로 구분되어 있었으며, 내분전(內粉廛)과 외분
전(外粉廛)이 각각 두 곳씩 있었다고 한다("凡二處內外各二", 『동국여지비
고』). 내분전은 종가에, 외분전은 서소문 밖에 있었고("內廛則在鍾街外廛

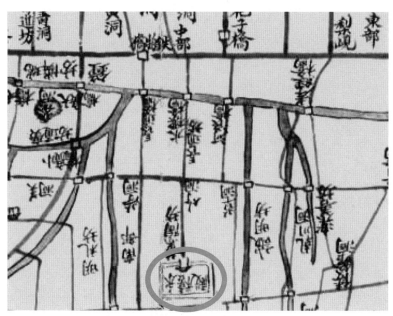

영희전(永禧殿) (출처: 『동여도』)

在西小門外", 『한경지략』), 영희전 동쪽에도 한 곳이 있었다("一在永禧殿東", 『동국여지비고』).

문내좌반전여인 門內佐飯廛女人

◎ 시전의 상언(上言) 여자인 저희들의 전업(廛業)은 가장 쇠잔하여 이익이 없으며, 배오개[梨峴], 병문(屛門), 관동(館洞)과 여러 곳에서 난전의 폐단을 지탱할 수 없는 가운데, 남문 밖의 칠패(七牌)에서 국역에 응하지 않으면서 방자하게 설전(設廛)한 군문의 한졸(悍卒)과 세가의 하인배가 무뢰와 체결 (締結)하여 각처에서 유입되는 물종을 총집(摠執, 매점 또는 독점)하여 방자하게 열전(列廛)하여 난매함에 거리낌이 없습니다. 지금 여자인 저희들의 잔전 (殘廛)을 돌아보면 금단할 길이 없어서 단지 빈 전(廛)만 지키면서 간신히 역에 응하고 곧 그만둬야 할 지경입니다. 난전의 폐단은 각전에 공통된 걱정이지만 어찌 또 저희 전과 같이 심한 경우가 있겠습니까? 청컨대 즉시 통금 (痛禁)해주시고, 국청(鞫廳)하실 때 소입(所入)되는 물종을 의금부에서 수효가 넘치도록 독촉하여 받고서는 한 달 동안을 지낸 후에 비록 호조에서 값을 치르더라도 절반 넘게 낙본이 되니, 그 값을 정하여 납부하는 대로 지급해

주셔서 낙본의 폐단이 없도록 해주시기 바랍니다.

◎ 비변사의 제사(題辭) 국청할 때에 진배하는 물종을 넘치게 받아 폐를 끼치는 것은 극히 놀랄 만하니 각별히 금단하고, 이다음에 만약 예전의 관습을 다시 따르면 해당 관원은 경중에 따라 죄를 논하고, 하인배는 법사에 보내어 죄를 다스리도록 하라. 난전은 이미 다른 전에서 논하였으니, 마찬가지로 시행하라. 진배한 물종의 값을 원역배가 중간에서 투식하여 하나의 고치기 힘든 폐단이 되었으니, 이제부터 예빈시의 관원이 체문[帖文]에 답인하여 내어주면 호조에서 바로 값을 받을 수 있도록 정식으로 삼아 시행하라.

門內佐飯廛女人

一女矣等廛業最殘無利而以梨峴屛門館洞與諸

處亂廛之弊莫可支撑之中南門外七牌不應　國

役肆然設廛軍門悍卒勢家奴輩締結無賴摠執各

處流入物種肆然列廛亂賣無忌而顧玆女矣等殘

廛無路禁斷只守空廛艱辛應役朝夕將罷是白如

乎亂廛之弊各廛通患而豈又有如矣廛特甚者乎

乞卽痛禁爲白乎於鞫廳時所入物種自禁府濫數

督納而閱月後雖有戶曹給價過半落本伏望定其

價而隨納卽給俾無落本之弊事

鞫廳時進排物種濫捧貽弊事極可駭各別禁斷此後

若復踵前習則當該郞官從輕重論罪下屬移法司科

治亂廛已論於他廛一體施行進排物種價員役輩中

間傔食爲一痼弊自今禮賓官員帖文踏印出給使之

直受價於戶曹事定式施行

❁

　좌반전(佐飯廛)은 자반[佐飯], 즉 반찬을 파는 가게인 반찬전(飯饌廛)을
가리킨다. 소금에 절인 생선[塩魚], 젓갈[醢], 젓국[醯] 등의 반찬을 팔았
으며("賣醢魚塩醯等饌物",『한경지략』. "賣塩魚及醢醯之屬",『동국여지비고』), 무
푼전이면서 여인전이었다.『한경지략』에서는 여러 곳에 있다고 하였지
만("在於各處"),『동국여지비고』등의 자료에서는 네 군데에 있었다고 한
다("凡四處"). 생선자반전[生鮮佐飯廛], 상미자반전[上米佐飯廛], 내어물자
반전[內魚物佐飯廛], 외어물자반전[外魚物佐飯廛] 등 각 자반전의 명칭은
생선전, 상미전, 내어물전, 외어물전 인근에 있었기 때문에 붙여진 것
으로 보인다.[1] 그중에서『시폐』의 문내자반전[門內佐飯廛]은 내어물자반
전으로 추정된 바 있다(임인영 1986: 169~170).

43

침자전여인針子廛女人

◎ 시전의 상언(上言) 여자인 저희 전에서 각 군문과 군기시에서 소용(所用)되는 세옥주(細玉珠)를 대가 없이 진배하는 폐단은 실로 감당하기 어려움이 있습니다. 혹시 돈으로 장수(匠手)의 입막음을 하려 하면, 한 홉의 구슬에 대해 1냥의 돈을 써야 합니다. 5~6년 전에 호조에서 변통하여 사무(私貿)를 모두 못 하도록 막은 것이 지엄(至嚴)하셨으므로 마침내 그 효력이 있었습니다만, 군기시에서는 정식(定式) 없이 침책함이 여전하니 진실로 몹시 원통합니다. 임시로 도감을 설치할 때 소용되는 세옥주를 대가 없이 진배하고서 혹시 값으로 장수의 입막음을 하려면 한 홉마다 1냥의 비용을 써야 하니 버티어 견뎌내기가 아주 어렵습니다. 보루각에서 해마다 징수하는 것이 3~4차례에 이르는 것 또한 너무나 감당하기 어려우며, 능행(陵幸) 시에 사복시에서 안장에 소입(所入)되는 것이라고 하면서 번번이 3~4홉을 대가 없이 재촉하여 받고, 한 홉마다 주어야 하는 방구전(防口錢)이 1냥이니, 도처의 대가

없는 역(役)이 더욱더 심하고 지독합니다. 지난가을에 남인전(男人廛)의 등소 (等訴, 여러 사람의 이름으로 관에 올리는 소장)로 인하여 호조에서 변통하신 바가 있어서인지, 잠시 동안 아무 곳에서도 구슬을 상납하라는 명령이 없었 습니다. 훈련도감과 금위영에서 호궤하실 때에 중통(中桶)과 목판을 여자인 저희 전에 억지로 재촉하여 상납하게 하시므로, 간신히 구해서 진배를 부담 한 후에, 비록 돌려준다고 하지만 태반을 잃어버리게 되고, 약간 돌려받은 것도 파상되지 않음이 없으니 이와 같은 때에 허다하게 소모되는 비용을 버 티어 견뎌내기가 실로 어렵습니다. 충훈부에서 해마다 여름 동안 제호탕(醍 胡湯)에 들어가는 것이라고 하면서 저희 전에서 업으로 삼은 바가 아닌 오매 (烏梅)를 억지로 재촉하여 상납하게 하고, 반드시 방구전 1냥 5전을 징봉하 니 헛되이 대가 없는 역에 응하면서 해마다 쓸데없이 쓰는 비용이 이와 같 으니, 여자인 저희 잔전(殘廛)이 어찌 지견(支遣)할 수 있겠습니까? 비변사에 서 해마다 두 차례 징납(徵納)하는 돗바늘[席針]이 여러 개인데 이 또한 대가 가 없습니다. 혹은 예장(禮葬)을 맞이하여 도감(都監)에서 큰 바늘과 작은 바 늘을 물론하고 번번이 대가 없이 징수하는 대로 따라서 납부하는 사이에 폐 단이 다단(多端)해졌습니다. 앞서 말씀드린 여러 가지 폐막을 각별히 이정 (釐正)하셔서 구의(蚯蟻, 지렁이나 개미) 같은 잔업(殘業)을 보존할 수 있도록 해주시기 바랍니다.

◎ 비변사의 제사(題辭) 세옥주의 일과 목판·축롱의 일, 충훈부의 오매에 관한 일은 이미 다른 전에서 논하였으니, 마찬가지로 시행하라. 각 군문 및 군기시에서 대가 없이 진배하는 세옥주, 군문에서 호궤할 때 소용되는 중 통, 비국 및 도감에서 대가 없이 받는 바늘은 모두 혁파하고, 이제부터 이후

로는 만약 예전의 관습을 다시 따르는 자가 있으면 해당 관원은 경중에 따라 죄를 논하고, 하인배는 법사에 보내어 죄를 다스리도록 하라.

針子廛女人

一女矣廛以各軍門軍器寺所用細玉珠無價進排
之弊實所難堪而或以價防口於匠手則當納一合
珠費錢一兩矣五六年前自戶曹變通私貿一節防
禁至嚴故果有其效而軍器寺則不有定式侵責如
前誠甚冤痛是白乎旀權設都監時所用細玉珠無
價進排而或以價防口於匠手則每一合每一兩用
費殆難支當而漏局每年所徵至於三四次亦甚難
堪是白乎旀　陵幸時太僕稱以馬鞍所入必以三
四合每每無價督納每合防口給錢一兩而到處無
價之役轉益孔劇矣昨秋因男人廛等訴自戶曹有
所變通是白喩姑無某處納珠之令是白乎旀訓
局禁營犒饋時中桶隅板勒令督納於女矣廛故艱
辛求覓戴負進排後雖云還下太半見失而若干還
推者無不破傷如是之際許多耗費實難支當是白
乎旀忠勳府每年夏間稱以醍醐湯所入非矣廛所
業烏梅勒令督納必以防口錢一兩五錢徵捧徒應
無價之役年年空費如此女矣殘廛安能支遣是白
乎旀備邊司每年兩次徵納席針數箇此亦無價是

白乎旀或當禮葬都監勿論大小針每每無價而隨

徵隨納之間爲弊多端右陳諸般弊瘼各別釐正俾

蚯蟻殘業得以保存之地事

細玉珠事隅板柮籠事勳府烏梅事已論於他㕓一體

施行至於各軍門及軍器寺無價進排細玉珠軍門稿

饋時所用中桶備局及都監無價捧針一倂革罷而自

今以後若有復踵前習者則當該官員從輕重論罪下屬

移法司科治

❁

　침자(針子)란 바늘을 가리킨다. 침자전(針子㕓)에서는 은바늘을 비롯
하여 크고 작은 바늘을 팔았다("賣銀針及大小常針", 『동국여지비고』). 『탁지
지』에서는 내침자전(內針子㕓)과 외침자전(外針子㕓)의 두 곳이 있다고 하
였다. 앞에서 언급한 바 있듯이, 상전 중에 동상전에서도 바늘을 팔았
다("針子則獨於東床㕓貨賣", 『한경지략』). 침자전의 호소를 통해, 여인전(女
人㕓)에서는 자신들처럼 여성에 의해 운영되는 전이 아닌 곳을 가리켜
남인전(男人㕓)이라 하였음을 알 수 있다.

서강미전 西江米廛

◎ 시전의 상언(上言) 백각전(百各廛)에서 수세하는 규정은 각기의 자내(字內)
가 있어서, 저희 전에서는 여객주인(旅客主人)에게 약간의 세금을 거둡니다.
도성 안에 있는 세 싸전의 시민(市民)들이 해마다 저희 전의 자내에 있는 여
객주인에게 세금을 거두는 것은 정말 그야말로 손님이 도리어 주인 노릇을
하는 격[反客爲主]입니다. 이는 참으로 원통하고 억울하오니, 지금부터 이후
로는 저희 전이 수봉(收捧)하게 하실 뜻으로 영원히 결급(決給)해주시기 바랍
니다.

◎ 비변사의 제사(題辭) 이 전[本廛]의 자내에 있는 여객주인에게서 거두는
세금을 도성 안의 싸전에서 횡침한 일 한 가지를 명백히 조사하여 처결[明査
處決]하도록 평시서에 분부하라.

◎ 시전의 상언(上言) 저희들의 전이 서강의 한 모퉁이에 있어서 마치 외방

의 장시와 같음이 있으므로 원래 잡곡전에서 수세하는 규정이 없었습니다. 잡곡전이 전에 없는 규정을 새로 만들어서 신미년(1751)부터 지금에 이르기까지 해마다 13냥의 돈을 저희 전으로부터 수세하였는데, 이는 극히 원통하고 억울합니다. 지금부터 이후에는 잡곡전의 세금[雜穀稅]을 물침(勿侵)하라는 뜻으로 결급(決給)하여 잔피(殘疲)한 시민을 보존해주시기 바랍니다.

◎ 비변사의 제사(題辭) 도성 내의 잡곡전이 신미년부터 강상(江上)의 싸전에게 수세한 것 한 가지를 명백히 조사하여 처결하도록 평시서에 분부하라.

西江米廛

一百各廛收稅之規各其字內故矣廛則旅客主人
處略干捧稅矣城中三米市民等每年捧稅於矣徒
廛字內旅客主人處眞所謂反客爲主也此誠冤枉
自今以後使矣廛收捧之意永爲決給事
本廛字內旅客主人處所捧之稅城中米廛之橫徵一
款明査處決事分付平市署

一矣徒廛在於西江之一隅有若外方場市故元無
雜穀廛收稅之規矣雜穀廛刱開無前之規自辛未
至于今每年收稅十三兩錢於矣廛此極冤抑自今
以後雜穀稅勿侵之意決給以爲殘疲市民保存事
城內雜穀廛自辛未收稅於江上米廛一款明査處決
事分付平市署

싸전[米廛] 일반에 대해서는 앞의 상미전 항목에서 이미 설명했다. 서강미전이 위치했던 서강은 경강(京江)의 일부를 가리키는 당대의 용어이다. 경강이란 한강 중에서 한성부의 관할 하에 있었던 곳을 말한다. 한성부라는 행정구역은 조선시대 내내 일정하게 유지되었던 것이 아니라, 시기에 따라 팽창되어왔다. 따라서 경강도 점점 길어지고 또 세분화되어, 18세기 이전에는 삼강(三江), 18세기 중엽에는 오강(五江), 18세기 후반에는 팔강(八江), 19세기 전반에는 십이강(十二江) 등으로 불리게 된다(고동환 1998: 221). 경강에 위치한 시전을 통칭하여 '연강전(沿江廛)'이라 하였다(『홍재전서(弘齋全書)』).

시전의 여객주인에 대한 수세(收稅)는 일종의 포구세(浦口稅)에 해당한다. 포구에 물화를 싣고 와서 정박하는 선상(船商)이 여객주인에게 납부한 것이 위탁 수수료 격인 구문(口文) 또는 구전(口錢)이라면, 포구세는 여객주인이 시전에 납부하는 것이었다. 이러한 포구수세권의 성립에 대해서는 기존 연구에서 다룬 바 있다(이영호 1985). 하지만 포구세는 법전이 규정하는 '국세(國稅)'가 아니었으며, 일종의 지방세(잡세)에 해당하는 것이었다. 그렇기 때문에 대한제국기에 들어서면 내장원(內藏院)의 수입으로 귀속되게 된다(탁지부사세국 1909: 70~71).

마포염전麻浦塩廛

◎ 시전의 상언(上言) 저희 전이 업으로 삼은 바는 본래부터 수운(水運)하는 물건이므로, 합빙(合氷, 강물이 꽁꽁 얼어붙음)하게 되면 물화가 끊어져 폐업하게 됩니다. 취급하는 염석(塩石)은 모두 상고선(商賈船)에서 나오므로, 약간의 이익을 붙여 도매로 경외(京外)에 파는 것인데, 갑자기 10여 년 전부터 남산의 봉수군 4~5명이 소선(小船)을 갖추고 상인의 소금을 싣고 선가(船價)를 받을 뿐이었습니다. 그런데 도리어 지강급미(舐糠及米)의 속셈을 내어, 그 봉수군의 세력에 의지하여 제멋대로 물건을 실어 나르며 난매하고 이익을 취합니다. 그들 무리 중에서 무뢰하고 힘 있는 자들은 잇구멍[利竇]이라고 인식하여 대선(大船)을 다투어 만드니 지금 그 수가 10여 척에 이르고 염소(塩所)를 오가며 북[梭]처럼 출입하면서 그 이익을 독차지해온바, 대저 봉수군이라는 역이 완급에 이렇게 의지하니, 어찌 감히 그 신지(信地, 정해진 구역)를 떠나서 멀리 수로(水路)로 나갑니까? 또 그 입역(立役)의 이익이 해마

다 2결(結)의 복호(復戶) 및 세 봉족(奉足) 외에 소용(所用)되는 홰[炬子]는 강변의 시목전에서 수에 따라 진배하니 이는 실로 민역(民役) 중에서 가장 값이 싸면서 가장 이익이 많은 것이거늘, 잔폐(殘弊)한 전업(廛業)을 꼭 빼앗은 후에야 만족할 수 있겠습니까? 이는 실로 난민(亂民)이며, 저희 전의 수원(讐怨, 원수)입니다. 엎드려 빌건대 이와 같이 지극히 원통함을 긍찰(矜察)하셔서 봉수군이 소금을 싣고 제멋대로 하지 못하게 하시고, 다른 배의 예에 따라 시민(市民)에게 도매하여 보존할 수 있도록 해주시기 바랍니다.

◎ 비변사의 제사(題辭) 강상(江上)의 어염(漁塩)에 관한 폐막을 변통한 후 봉수군의 작폐 한 가지를 자세히 조사하여 처결할 것을 병조와 평시서에 분부하라.

◎ 시전의 상언(上言) 저희 전에서는 업으로 삼은 가가(假家)를 강변에 만들어두었는데 칸수는 3가(三架)에 그쳤습니다. 그 만든 것이 몇 년인지는 알지 못하지만 일찍이 아무 곳에서도 어느 누구의 말이 없었습니다. 생각지도 않게 십수 년 전에 서빙고에서 가가의 대지가 자기네 밭이라 억지로 칭하며 40냥의 돈을 징세함을 해마다 상례로 삼아왔습니다. 빙고전(氷庫田)이라는 말은 지난 100년 동안 들어 알지 못하는 것이며, 고금 천하에 어찌 3칸의 땅에 40냥의 세가 있겠습니까? 진실로 휼민(恤民)의 뜻이 아닙니다. 엎드려 비오니 참작하여 헤아리셔서 특별히 그 수세의 폐단을 혁파해주시고, 만약 할 수 없다면 결복(結卜)의 세법(稅法)에 따라 마찬가지로 수세할 것을 각별히 변통하여 보존할 터전으로 삼게 해주시기 바랍니다.

◎ 비변사의 제사(題辭) 강상의 어염에 관한 폐막을 변통한 후 염기(塩基,

소금가마)의 수세가 지나치거나 넘치는 것은 자세히 조사하여 처결할 것을
평시서에 분부하라.

麻浦塩廛

一矣廛所業自是水運之物故合氷則貨絶廢業而
所辦塩石皆出於商賈船故若干付利卸下而鬻賣
於京外者而忽自十餘年前木覓烽燧軍四五人備
小船載商塩而捧船價而已矣反生舐糠及米之計
藉其烽軍之勢任自載運亂賣取利厥輩無賴有力
者認作利窟爭造大船今至數十隻而來往塩所如
梭出入專取其利爲白乎所夫烽軍爲役緩急是寄
則何敢離其信地遠出水路是白遣且其立役之利
每年二結復戶及三奉足之外所用炬子段自江邊
柴木廛准數進排實是民役中最歇最利者是白去
等殘弊廛業必奪後可以取足哉實是亂民而矣廛
之讐怨是白置伏乞矜察如許至冤烽軍載塩毋得
自擅而依他船例卸給市民俾得保存之地事
江上漁塩弊瘼變通後烽軍作弊一款詳查處決事分
付兵曹平市署
一矣廛所業假家造置江邊而間止三架也不知其
作之在何歲而曾無某處誰何之辭矣不意十數年
前自西氷庫勒稱假家垈地乃氷庫之田是如徵稅

四十兩錢歲以爲常是白乎所氷庫田之說百年前

後所未聞知者而古今天下焉有三間地四十兩之

稅乎誠非恤民之意也伏乞參商特罷其收稅之弊

而如不得則一從結卜之稅法而收稅事各別變通

以爲保存之地事

江上漁塩弊瘼變通後塩基收稅過濫者詳查處決事

分付平市署

✿

　염전(塩廛)은 소금[塩]을 파는 곳이다. 『탁지지』에 등재된 염전은 경염전(京塩廛), 남문외염전(南門外塩廛), 마포염전(麻浦塩廛)의 세 곳이다. 『동국문헌비고』나 『만기요람』에 경염전(京塩廛), 염전(塩廛), 마포염전(麻浦塩廛)으로 되어 있는 것으로 보아, 수식어 없이 염전이라고 한 것은 모두 남문외염전을 가리키는 것으로 보인다. 『시폐』에는 마포염전(麻浦塩廛)과 용산염전(龍山塩廛)만 보이고, 「폐막별단」에서도 마포염전만 등장한다.[1]

　경염전(京塩廛)에서는 서해의 자염(煮塩)을 팔았는데("賣西海煮塩"), 서울에 가까웠기 때문에 경염이라고 하였다("近於京師故謂之京塩", 『한경지략』). 경염전은 1푼의 국역을 분담한 유푼전이었으며, 『한경지략』에서는 배오개에 있다고 했고("在梨峴"), 『동국여지비고』에서는 남대문 밖에 있다고 했다("在崇禮門外"). 두부를 만들 때 쓰는 간수(소금물)를 파는 곳도

있었는데, 염수전(塩水廛) 또는 간수전(艮水廛)이라 하였다. 간수전은 무
푼전이었으며, 마포에 있었다("麻浦艮水廛", 「산대별단」).

46

서강시목전 西江柴木廛

◎ 시전의 상언(上言)   시목(柴木)을 생업으로 삼아 이로부터 영쇄(零瑣)하고 지잔(至殘)하던 가운데, 을축년(1745)에 남산의 봉수군들이 병조에 정소(呈訴)하여 시선(柴船) 1척당 2동의 시목을 거두도록 변통하였으니, 1년을 통틀어 계산해보면 그 수가 헤아릴 수가 없을 정도여서 전인(廛人)이 간신히 한데 모은 이익이 아무 상관 없는 봉수군들에게 아울러 돌아가니 너무나 원통합니다. 이는 옛 제도가 아니니 봉수군들이 시목을 가져가는 것 한 가지는 특별히 혁파하셔서 아주 작은 폐단이라도 없애주시기 바랍니다.

◎ 비변사의 제사(題辭)   정유년(1717)에 올린 봉수군의 상언(上言)에 "강상에 머물러 살면서 자생할 길이 없으니 소통자(小桶子), 편죽(片竹), 전죽(箭竹), 시탄(柴炭) 등의 물종을 사고팔아 업으로 삼게 하고 난전으로 하여금 임의로 행상하지 못하게 해 주십시오."라고 하였다. 그러므로 병조에서 거듭 아뢰어 삼사(三司)에 분부하여 금지하지 말게 하라고 하였다며 봉수군 등이 이

를 구실로 삼아 회계(回啓, 임금의 물음에 대하여 신하들이 심의하여 상주함)하여 시선(柴船) 한 척당 2동의 시목을 거두고 있는 것이다. 이는 병조에서 복계하여 시행한 바가 아니니, 일이 심히 놀랄 만하다. 즉시 혁파하고 각별히 금단할 것을 병조와 평시서에 분부하라.

西江柴木廛

一柴木爲業自是零瑣至殘之中乙丑年分木覔烽
燧軍等呈兵曹變通柴船每隻收去二同柴而通一
年計之則其數不貲廛人艱辛鳩聚之利並歸於不
干烽燧軍處極爲冤痛此非舊制烽燧軍等收去柴
木一款特爲革罷俾除一分之弊事
丁酉年間烽軍　上言內以爲居生江上資生無路小
桶子片竹箭竹柴炭等種買賣爲業而以亂廛不得任
意行商云則兵曹覆　啓分付三司使之勿禁則烽軍
等藉此回　啓柴船每隻收柴二同此非兵曹覆　啓
所施則事甚可駭卽爲革罷各別禁斷事分付兵曹平
市署

❁

시목(柴木)이란 땔나무를 가리킨다. 시목은 주로 한강 상류에 위치한 여러 곳의 시장(柴場)에서 벌목(伐木)된 후, 연강(沿江)의 주요 나루를 통해 도성 안으로 공급되었다. 『동국문헌비고』, 『탁지지』, 『만기요람』, 『동국여지비고』 등 주요 자료에서는 시목전(柴木廛)의 위치를 용산(龍山) 또는 용산강변(龍山江邊)이라고만 하였다. 『시폐』에서는 마포토정시목전(麻浦土亭柴木廛), 용산대시목전(龍山大柴木廛), 서강시목전(西江柴木廛), 용산사촌리소시목전(龍山沙村里小柴木廛), 서빙고시목전(西氷庫柴木廛), 두모포시목전(豆毛浦柴木廛) 등 여섯 곳의 시목전이 보이며, 그 외에도 「산대별단」에서는 뚝섬시목전[纛島柴木廛], 흑석리시목전(黑石里柴木廛) 등이 확인된다. 또한 이와 관련하여 『한경지략』의 다음 기사를 참고할 필요가 있다.

서울에서 쓰는 땔나무[柴薪]는, 경강 상·하류의 시목 상인[柴商]이 배로 운반하여 강가에 두면, 서울에 사는 사람들이 날마다 가서 지고 와서 이익을 남겨 생계를 유지한다. 또 서울 인근의 사람들은 소로 나르거나 말에 실어서 도성에 들어와 파는데, 한 바리[駄]의 시가(柴價)는 100전(錢) 안팎을 넘지 않았다.[1]

47

서빙고시목전 西氷庫柴木廛

◎ 시전의 상언(上言) 저희들 전에는 축롱(柤籠)의 폐단이 있습니다.

◎ 비변사의 제사(題辭) 축롱은 설전(設廛)한 것이 거의 100년에 이르고, 지난번에 10년 안에 설치된 전을 조사해내어 혁파할 때 그중에 섞여 들어갔는데, 그때에 한성부의 당상이 전인의 호소에 따라 뒤늦게 깨닫고 복구하고자 하였으나 허시(許施)에 미치지 못하였음이 문서에 명백히 보인다. 그 후에 혁파한 전을 이미 모두 복설하였으니, 이 전(축롱전)도 복구하지 않을 수 없다. 축롱의 폐단은 없앨 것을 기약하지 않아도 저절로 흩어져 없어질 것이니 이와 같이 평시서에 분부하라.

西氷庫柴木廛

一矣徒等廛有柤籠弊端事

柤籠設廛幾至百年而曾前查出十年內設廛革罷時

混入其中其時京兆堂上因廛人呼訴晩覺欲復而未

及許施之文書明白見存其後革罷之廛旣盡復設則

此廛不可不復舊然則柤籠之弊不期祛而自祛以此

分付平市署

❄

"축롱의 폐단"이란 본래 축롱의 진배를 담당하지 않은 전에게 축롱
을 진배하게 한 것을 말한다. 앞에서 육우전, 족두리전, 내분전 항목에
서 동일한 문제가 거론된 바 있다. 축롱전이 하나의 시전으로서 축롱의
진배를 전담하게 된다면, "축롱의 폐단"이 없어질 테니 축롱전을 복설
하는 조치를 내리게 된다.[1] 족두리전여인 항목에서 "축롱을 내는 것은
각 시전(柴廛)에서 이미 담당하고 있"다고 한 것은 마포토정시목전 항목
에서 "저희 전은 국가 길흉의 여러 곳에 소용(所用)되는 축롱을 오로지
담당하여 진배하"였다는 내용과 상통하는데, 역시 축롱전의 복설을 통
해 혁파되는 것이다.

용산염전 龍山塩廛

◎ 시전의 상언(上言) 저희 전은 국초에 도성 안팎에 창설되어 좌시(坐市)하고 행매(行賣)한 것이 이미 300여 년에 이르렀는데, 마포염전(麻浦塩田)은 200여 년 뒤에 추설(追設)되어 본래 좌시하고 행매하는 일 없이 단지 염선세전(塩船稅錢)을 받았습니다. 그 후 50년 사이 이른바 경염전(京塩廛)이 염전 어귀 길가의 동네 이름을 빙자하고 또 췌설(贅設, 쓸데없이 덧붙여 설치함)하여, 역시 행상하면서 소금을 파는 일은 없이 단지 선세(船稅)를 받았는데, 모두 국가에 이익이 되지 않고 선상(船商)에게 막심한 해를 끼치고 있습니다. 최근 10여 년간 길마재[鞍峴]의 봉수군이 봉거(烽炬)를 빙자하여 근기(近畿)에서 싣고 오는 소금의 이익을 횡탈(橫奪)하였는데, 봉수군에게는 이미 삼봉족(三奉足)과 복호(復戶)가 있고, 또 홰값[炬價]이 있어서 다달이 3냥을 병조에서 지급해주며, 또 해마다 각 시목전(柴木廛)에서 소목(燒木)을 받아 쓰고 있습니다. 그 밖에 소소하게 받아 쓰는 물건도 있으니 그들에게는 풍족하지만,

또 저희 전의 생업을 빼앗습니다. 일물사전(一物四廛)은 나라를 통틀어 없던 바이니, 비록 금지하려고 하더라도 힘으로 제어할 수 없고, 장차 파산될 지경을 면하지 못하니 실로 지극히 원통합니다. 저희 전은 국초부터의 오래된 전인데도 지엽(枝葉)의 전에게 이익을 빼앗기고 헛되이 전기(廛基)만 지키고 있으니 폐막(弊瘼)이 막심합니다. 시안(市案)을 상고(相考)하신 후 주객과 본말을 구별하셔서 폐단을 혁파하여 보존할 수 있도록 해주시기 바랍니다.

◎ 비변사의 제사(題辭) 두 염전은 먼저인지 나중인지를 물론하고 설전(設廛)한 지 이미 오래되었고, 또 모두 세금을 내고 있으니, 하루아침에 혁파하는 것은 진실로 동등하게 대하는 도리가 아니니 그대로 두라. 봉수군이 작폐하는 일은 이미 마포시전(麻浦柴廛)에게 논하였으니[1] 마찬가지로 병조와 평시서에 분부하라.

　　龍山塩廛

一矣徒廛　國初刱設都城內外坐市行賣者已至

三百餘年而麻浦塩廛二百餘年之後追設本無坐

市行賣之事只取塩船稅錢矣其後五十年間所謂

京塩廛憑藉塩廛屛門之洞名又爲贅設而亦無行

商賣塩之事徒取船稅都不利於　國家害莫甚於

船商矣近十餘年間鞍峴烽軍藉重烽炬橫奪近圻

馱來塩利烽軍旣有三奉足及復戶亦有炬價每朔

三兩自兵曹上下又有每年燒木捧用於各柴木廛

而其他小小捧用之物則於渠足矣而又奪矣廛之

生業一物四廛通　國之所無雖欲禁止力不能制

將未免罷散之境實爲至冤矣廛以　國初舊廛奪

利於枝葉空守廛基弊瘼莫甚市案相考後主客本

末區別以爲革弊保存之地事

兩塩廛勿論前設後設設廛已久亦皆納稅則一朝革

罷誠非一視之道置之烽軍作弊事已論於麻浦柴廛

一體分付兵曹平市署

❋

　앞서 마포염전 항목에서의 설명을 고려하면, 용산염전은 남문외염전
과 동일한 것이었을 가능성이 있다. 지역적으로 동일하다기보다는 상
인 조직, 즉 도중이 같았다는 말이다. 왜냐하면 『시폐』에서 용산염전이
스스로 "국초에 도성 안팎에 창설"된 가장 오래된 염전이라고 하고 있
으므로[2], 수식어 없이 '염전'이라 하였을 것이기 때문이다. 즉 염전, 남
문외염전, 용산염전은 사실상 같은 조직으로서 하나의 '전(廛)'에 해당
하는 것으로 볼 수 있다. 기존 연구에서는 내염전과 용산염전이 "내외
의 염전 체제"를 이룬 것으로 파악하기도 했다(김의환 2001: 64).

　그렇다면 여기서 용산염전이 "일물사전(一物四廛)은 나라를 통틀어 없
던 바"라고 표현한 '4전(四廛)'을 "18세기에 소금을 취급하는 정식 시전
만 해도 염전·용산염전·마포염전·경염전 등 4개"(변광석 2001: 135) 또
는 "서울과 경강 일대에는 내염전과 용산염전을 비롯하여 새로이 마포

염전과 경영전이 창설되면서 소금 한 물종을 취급하는 시전이 4곳"(김의환 2001: 64~65)과 같이 이해해서는 곤란할 것이다. 용산염전의 호소를 읽어보면 실제로 4개의 전이 있다는 말이 아니라, 염전[3], 마포염전, 경영전이라는 3개의 전이 이미 있고, 거기에 더해 길마재의 봉수군이 소금을 취급하려고 한 것까지 포함해서 '1물 4전'이 되는 꼴이라는 말로 해석되기 때문이다. 그렇기에 "나라를 통틀어 없던 바"로서 혁파의 대상이 되는 것이다. 비변사의 답변에서도 용산염전 외에 두 곳의 염전(마포염전과 경영전)은 그대로 두고 봉수군을 혁파할 것을 명하고 있다.

49

두모포시목전 豆毛浦柴木廛

◎ 시전의 상언(上言)　나례도감(儺禮都監)의 호방하고 사나운 무리가 헌거(軒車)에 의탁하여 때때로 저희 전에 내도(來到)해서 무수히 공갈하여 돈 10여 냥을 해마다 함부로 거두며, 남산의 봉수군은 봉거(烽炬)를 칭탁하여 시선(柴船) 1척당 2동의 시목을 수다(數多)한 선척으로부터 함부로 거두었으며, 방외(方外)의 한잡인(閑雜人)이 털끝만큼의 국역도 하지 않고, 저희 전인[本廛人]을 가칭(假稱)하여 잡전(雜廛)을 다스리면서 전재(錢財)를 토식(討食)하는 일이 너무나 흔합니다. 이 세 가지 일은 앞뒤에 없던 횡침하는 일이니, 잔폐한 전민이 어떻게 보존하여 국역에 종사할 수 있겠습니까? 절목(節目)을 엄정(嚴定)하여 뒷날의 폐단을 막아주시기 바랍니다.

◎ 비변사의 제사(題辭)　나례도감에서 횡침하는 것 한 가지는 이미 비변사에서 금단하였으니 더욱더 엄칙하라. 봉수군이 시목선에게서 시목을 거두는 일은 이미 다른 전에게 논하였으므로[1] 마찬가지로 혁파하라. 방외의 한

잡인이 난전(亂廛)을 하면서 전재를 토식하는 일은 몹시 놀랄 만하니 각별히 금단할 것을 한성부에 분부하라.

豆毛浦柴木廛

一儺禮都監豪悍輩依托軒車時時來到矣廛無數
恐喝錢十餘兩逐年橫徵是乎旀木覓烽燧軍稱托
烽炬柴船每隻橫徵二同柴於數多船隻是乎旀方
外閑雜人無一毫之　國役而假稱本廛人亂雜廛
中討食錢財比比有之此三件事前後所無之橫侵
者殘弊廛民何能保存服役乎嚴定節目以杜日後
之弊事

儺禮都監橫侵一款已有備局禁斷更加嚴飭烽軍柴
船捧柴事已論於他廛一體革罷方外閑雜作亂廛中
討食錢財事甚可駭各別禁斷事分付漢城府

50

합회전 蛤灰廛

◎ 시전의 상언(上言) 저희들의 원통하고 절박한 사정은, 갑진년(1724)부터 시작하여 내의원의 약재에 소용(所用)되는 사회(沙灰)를 해마다 열두 말씩 대가 없이 상납하여 지금에 이르기까지 30년이고, 또한 군기시의 궁시(弓矢)에 소용되는 사회는 예로부터 본래 책응(策應)하는 일이 없었는데, 임신년(1752)부터 시작하여 열두 말씩 대가 없이 상납하였으니, 이 두 가지 폐단의 변통을 내려주시기 바랍니다.

◎ 비변사의 제사(題辭) 합회(蛤灰)를 대가 없이 내의원에 진배하는 것은 오랜 세월 내려온 관례이므로 변통하는 것은 부당하다. 또 군기시에서 이번 임신년부터 대가 없이 열두 말을 억지로 받은 것은 극히 놀랄 만하니 각별히 금단하고, 이다음에 만약 예전의 관습을 다시 따른다면 해당 관원은 경중에 따라 죄를 논하고, 하인배는 법사에 보내어 죄를 다스리도록 하라.

蛤灰廛

一矣等冤迫情由段自甲辰年爲始內醫院藥材所

用沙灰每年十二斗式無價上納今至三十年是白

遣又軍器寺弓矢所用沙灰自古本無策應之事而

自壬申年爲始十二斗式無價上納此兩件弊端乞

賜變通事

蛤灰無價進排於內局乃是年久流來之例不當變通

至於軍器寺自今壬申無價勒捧十二斗事極可駭各

別禁斷此後若有復踵前習者則當該官員從輕重論

罪下屬移法司科治

❋

　합회(蛤灰)는 굴껍데기나 조개껍데기를 태워서 만든 석회의 일종을
가리킨다. 『시폐』를 통해 합회를 사회(沙灰)라고도 하였음을 알 수 있다.
합회는 주로 염색 과정에서 사용되었다. 합회전(蛤灰廛)은 배오개 아래
와 육조 앞의 두 곳에 있었다고 알려져 있지만("在梨峴下又在六曹前", 『동
국여지비고』), 소위 동막(東幕)이라 하는 독마을[甕里]에도 있었던 것으로
보인다("甕里蛤灰廛", 「산대별단」).

51

마포토정시목전 麻浦土亭柴木塵

◎ 시전의 상언(上言) 저희들은 강촌(江村)에 머무르면서 시목(柴木) 한 가지로 서로 바꾸어 사고팔아 위로는 국역에 응하고 아래로는 생애를 보전한 것이 누백(累百) 년에 이르도록 오래되었습니다. 남산과 길마재[鞍山]의 봉수군들이 봉거(烽炬)에 소용(所用)된다고 칭하며 강변의 무뢰배와 체결하여 그것들을 편송(遍送)하여 강어귀로 흘려보내어, 시선(柴船)이 짐을 풀어 내리는 곳에서 시목을 확취(攫取)하고 시전(柴塵)의 이익을 독차지하여 세력 없는 강민(江民)은 그 이익을 모두 빼앗기고 단지 빈 전만 지키니 원통함을 이길 수가 없습니다. 몇 해 전에 봉수군 무리가 작폐하는 상황을 하나하나 들어서 병조에 정소(呈訴)하였기에, 봉수군들이 작폐하는 일을 통촉(洞燭)하여주셔서 침학하지 못하게 하는 뜻으로 저희 전에 결급(決給)하여주셨으므로, 지금까지 이르면서 생업에 안주하며 자생하였습니다. 중간에 임호창(林好昌)이라는 간세(奸細)한 놈이 병조에서 처결해준 그 문서와 팔강(八江) 존위(尊位)의

보장(報狀) 및 저희 전의 앞뒤 소지(所志) 등 여러 가지 문서를 다른 사람과 부동(符同)하여 중간에서 몰래 훔쳐낸 후, 봉거(烽炬)의 보용(補用, 부족한 것을 보태어 씀)을 빙자하여 전과 같이 세금을 거두어감이 더욱 심합니다. 두 곳의 연대(烟臺)는 보경(報警, 사변이 일어났음을 보고함)하는 중요한 곳이지만 봉수(烽燧)에 소용되는 것이 아무리 중대하다 하더라도 관물(官物)로 이어쓰지 않고 도리어 상고(商賈)인 시전(柴廛)의 시목으로 봉거에 보용해서 되겠습니까? 또 저희 전은 국가 길흉의 여러 곳에 소용되는 축롱(杻籠)을 오로지 담당하여 진배하는데, 저희 전은 강상(江上)에 있고, 축롱을 진배해야 하는 곳은 모두 도성 안에 있어서 진배하라는 명령이 뜻밖에 나오게 되면 곳에 따라 진배할 때 시한을 넘겨 생기는 일도 종종 있기 때문에, 감히 함부로 떠날 수 없어서 도성 안에 머물러 기다리는 중에 생기는 여러 가지 폐단을 하나하나 수찰(垂察)하여 변통하셔서 평등하게 사랑해주시는 은택을 입을 수 있도록 해주시기 바랍니다.

◎ 비변사의 제사(題辭) 봉수군이 시목을 거두고 축롱을 진배하게 하는 등의 폐단은 이미 서강시목전(西江柴木廛)에게 논하였으니[1] 마찬가지로 병조와 평시서에 분부하라.

　　　麻浦土亭柴木廛

　　一矣等處於江村以柴木一種轉相買賣上應　國

　　役下保生涯者以至累百年之久矣木覓山毋岳山

　　烽燧軍等稱以烽炬所用與江邊無賴之輩締結遍

　　送其者流於江口柴船卸下處攫取柴同專權柴廛

之利無勢江民盡奪其利只守空廛不勝冤痛枚擧

烽軍輩作弊之狀年前呈兵曹則洞燭烽軍等作弊

事以不得侵虐之意決給於矣廛故至于今安業資

生矣中間林好昌以奸細之漢同兵曹處決文書八

江尊位報狀及矣廛前後所志等各樣文書與人符

同中間偸出之後又藉烽炬補用如前收稅去而益

甚兩處烟臺乃是報警重地烽燧所用何等重大而

不以官物繼用而反以商賈柴廛之柴同補用於烽

炬哉且矣廛　國家吉凶諸處所用柵籠專爲擔當

進排而矣廛處於江上柵籠進排之處則皆是城內

進排之令出於不意則隨處進排之際過時生事種

種有之故莫敢擅離留待城中各項弊端一一垂察

變通以被同仁之澤事

烽軍捧柴柵籠進排等弊已論於西江柴木廛一體分

付兵曹平市署

52

마포초물전麻浦草物廛

◎ 시전의 상언(上言) 저희들은 석회(石灰), 탄(炭), 초둔(草芚)의 세 가지 물종을 합하여 하나의 전(廛)으로 삼아 30여 년 동안 폐단 없이 생업으로 삼아왔습니다만, 석회는 선공감의 장인들에게 빼앗기고, 탄은 뚝섬과 두모포의 세력 있는 사부가(士夫家)의 하인배들에게 빼앗겨, 단지 초둔 한 가지만 남았습니다. 예전에는 산릉(山陵)의 옹가(甕家)에 소입(所入)되는 초둔을 두 창고의 공인이 값을 받고 진배하였다가, 교하(交河)로 천릉(遷陵)할 때에 이르러큰비가 오래 내려서 공인(貢人)이 버티어 견뎌낼 수가 없어 급히 저희들에게명하여 대신 담당하여 진배하게 하셨으므로, 저희들이 진배할 까닭이 없다고 누누이 앙소(仰訴)하였는데, 그때 도감에서 저희들을 잡아 가두고 엄중히다스려 납부를 독촉하였기 때문에, 어찌할 수 없이 가까스로 갖추어서 상납할 수 있었습니다. 이로부터 이후로 산릉의 역이 있으면 초둔과 망석(網席)은 모두 저희들에게 요구하고, 본래의 공인은 도리어 아무런 근심이 없어졌

으니 어찌 원통함이 심하지 않을 수 있겠습니까? 이른바 초둔은 남해(南海)에서 생산되는 물건으로 겨울에는 운반하여 들일 수 없어서 미리 갖출 수 없으므로, 비록 은전(銀錢)이 있더라도 사들일 수 있는 곳이 없어서, 반드시 일을 일으키는 경우가 많습니다. 대가 없이 역을 담당하는 것도 더욱 원통하고 억울합니다. 석회와 탄을 빼앗긴 후에 전명(廛名)을 비록 보존하고 있기는 하지만, 시인(市人)은 수삼(數三)으로 모양을 제대로 이루지 못하니 어찌 국역을 담당할 수 있겠습니까? 초둔과 망석은 공인에게 담당하게 하실 것을 식례로 정하신 후에 저희들의 물화 없는 전명은 명을 받들어 혁파하여 주시기 바랍니다.

◎ 비변사의 제사(題辭) 국역할 때의 초둔과 망석은 두 창고에서 마땅히 진배해야 하는 것인데 중간에 전인이 공인과 한 번 같이 진배한 후 잘못된 예가 만들어졌으니, 이다음에는 전인이 진배하는 규례를 혁파하고 만약 다시 횡침하는 폐단이 있으면 엄하게 금단하고, 드러나는 대로 엄중히 다스릴 것을 정식으로 삼아 시행하라.

麻浦草物廛
一矣徒等以石灰炭草芚三種合爲一廛三十餘年
無弊爲業石灰見奪於繕工匠人炭則見奪於藳島
豆毛浦有勢士夫家之奴輩而只存草芚一種矣在
前則山 陵瓮家所入草芚兩倉貢人受價進排是
白如可至於交河遷 陵時大雨長注貢人不能支
當急令於矣徒等替當進排故非矣等進排之由累

累仰訴則其時都監捉囚矣等嚴治督納故萬不獲

已僅得備納矣自此以後山　陵之役草芚網席全

責於矣等而本貢人還爲無憂豈非冤痛之甚者乎

所謂草芚南海所産之物多不能運入不爲預備則

雖有銀錢貿得無處必多生事之境無價之役擔當

尤爲冤抑石灰與炭見奪之後廛名雖存市人數三

不成貌樣何能當　國役乎草芚網席則貢人處擔

當事定式後矣等之無貨廛名丞令革罷事

國役時草芚網席兩倉當爲進排而中間廛人之與貢

人一番同爲進排後已成謬例此後則廛人進排之規

革罷若復有橫侵之弊則嚴加禁斷隨現重繩事定式

施行

❋

　초물전(草物廛)에서는 삼노끈[麻繩], 칡노끈[葛繩], 골풀 및 기령풀[菅蒯] 등을 팔았으며, 서소문 밖에 있었다("賣麻葛繩管蒯之屬在西小門外", 『한경지략』). 『시폐』에서 마포의 초물전이 30여 년 동안 전을 꾸려왔다는 말로 미루어볼 때, 1720년을 전후한 시기에 성립한 것으로 보인다.

　『시폐』에서는 마포초물전이 본래 담당하였던 석회, 탄, 초둔의 세 가지 물종 중에서 석회는 선공감 장인에게, 탄은 뚝섬과 두모포의 세도가 하인배에게 빼앗기고, 남은 한 가지 초둔마저 과도한 부담을 짊어지게 되었음을 호소하고 있다. 양창(兩倉)의 공인이 큰비로 인해 일시적으로 초둔의 조달을 할 수 없게 된 상황에서 산릉도감(山陵都監)이 임시로 마포초물전으로 하여금 진배하게 하였는데, 이후에는 그렇게 긴급한 사정이 없었음에도 공인이 아닌 마포초물전이 계속 진배하도록 강제하였다는 것이며, 이에 대해 비변사는 마포초물전의 진배를 혁파하라는 조치를 내리고 있다.

53

토정리곡초전 土亭里穀草廛

◎ 시전의 상언(上言) 궐 안팎의 여러 곳에서 겨울을 나는 둥우리[斗應于里]에 쓸 곡초(穀草) 450동(同)을 진배한 값 60냥을 병조에서 지급하였습니다. 그 100근(斤)당 값이 1전 2~3푼인데, 군기시는 곡초 100근당 4전 5푼씩 지급하고, 사복시는 100근당 백미 엿 말씩을 지급하였습니다. 저희 전의 곡초 값은 또한 이와 같이 박략(薄略)하니, 동등하게 대한다는 이념 아래 어찌 후하고 박함이 있겠습니까? 군기시의 예에 따라 지급하셔서 시전인(市廛人)으로 하여금 보존하도록 해주시기 바랍니다.

◎ 비변사의 제사(題辭) 병조에 진배하는 둥우리에 소입(所入)되는 곡초 100근의 값이 1전 2~3푼인데, 이는 군기시와 사복시의 두 기관에서 지급하는 값에 비하여 4배 정도 적은바, 전인(廛人)이 원통함을 호소하는 것이 당연하다. 이다음에는 군기시의 예에 따라 100근당 값을 4전 5푼씩 지급할 것을 병조에 분부하라.

◎ 시전의 상언(上言) 저희 전은 몇 해 전에는 수하(水下)의 여러 곳에서 지붕을 이는 곡초(穀草)를 전매(轉賣)하며 자생(資生)하였습니다. 요사이 인심(人心)이 극악(極惡)해져, 배에 싣고 강변에 운반해 와서 스스로 파는 자들은 모두 세가(勢家)의 호방하고 사나운 하인이며, 이들은 임의로 난매(亂賣)하면서 조금도 거리낌이 없으니, 과조(科條)를 따로 만드셔서 시민(市民)으로 하여금 보존하여 자생할 수 있도록 해주시기 바랍니다.

◎ 비변사의 제사(題辭) 다른 전을 따라 마찬가지로 엄금하라.

土亭里穀草廛

一　闕內外各處過冬斗應于里次穀草四百五十
同進排價錢六十兩自兵曹上下論其每百斤價則
一錢二三分而軍器寺則穀草每百斤四錢五分式
上下司僕寺則每百斤白米六斗式上下則矣廛穀
草價耳亦如是薄略一視之下豈有厚薄依武庫例
上下使市廛人保存事

兵曹進排斗應于里所入穀草百斤價錢一錢二三分
則比軍器太僕兩寺價所減幾四倍廛人稱冤當然此
後則依軍器寺例每百斤價四錢五分上下事分付兵
曹

一矣徒廛段年前則水下各處蓋覆穀草轉賣資生
矣近間人心極惡載船運來於江邊自賣而皆是勢
家豪悍之奴恣意亂賣少無忌憚別立科條使市民

保存資生之地事

依他廛一體嚴禁

❋

『시폐』에는 토정리곡초전(土亭里穀草廛)으로 되어 있지만, 「산대별단」에서는 토정고초전(土亭藁草廛)이라 하였으므로, 곡초전(穀草廛)은 바로 고초전(藁草廛)에 해당한다. 고초전에서는 지붕을 덮는 볏짚[藁草], 즉 이엉[盖草 또는 草飛乃] 및 울타리를 만드는 바자[笆子]를 팔았다("賣盖屋之藁草及籬笆子", 『한경지략』). 『동국여지비고』에서는 고초전이 남대문 밖과 동대문 밖에 있었다고 하였지만("在崇禮興仁兩門外"), 「산대별단」에서 고초전(藁草廛)과 별개로 토정고초전(土亭藁草廛)을 따로 기재하였으므로, 고초전은 남대문 밖, 동대문 밖, 마포 토정리 등 도성 밖에 최소한 세 곳 이상 있었던 것으로 보인다. 또한 고초전에서 바자를 판다고 하였지만, 『동국문헌비고』 이하 『대동지지』에 이르는 여러 자료에서 고초전 외에 바자전[笆子廛 또는 把子廛]을 따로 등재해 두고 있음이 확인된다. 『동국여지비고』에서는 바자전이 성 밖에 있다고 하였다("在城外").

용산대시목전 龍山大柴木廛

◎ 시전의 상언(上言) 저희들은 시목(柴木)을 생업으로 삼아서 수상(水上)에 목물이 흘러 내려오는 것을 크고 작음을 물론하고 사들여 전매(轉賣)하는 것을 생업으로 삼아 자생(資生)하였습니다. 근년(近年) 이래로 빚을 얻어 산골 고을에 들어가 나무를 사서 흘려 내려보낼 때에 여러 곳에 납부하는 세금 외에 또 부비(浮費)가 많고, 배가 닿은 후에는 내수사(內需司) 및 여러 궁방(宮房)의 하인이 강변(江邊)에 나와서 빙공영사(憑公營私, 공적인 것을 빙자하여 사적인 이득을 꾀함)하며 목물(木物) 중에서 품질이 좋은 것을 다수 골라잡아서 임의로 낙인(烙印)하고 다른 곳에 척매(斥賣)하지 못하게 하고는, 반의반 값으로 억지로 값을 정하여 가져간 뒤 혹은 수년 동안 지급하지 않고서 끝내는 근거 없이 잃어버리고 마는 근심에 이르게 되었기 때문에, 탕패(蕩敗)하여 유리(流離)하는 자가 십상팔구(十常八九)이니 이는 감당하기 어려운 일입니다. 저희 전은 나무를 사들여 톱질[引鉅]해서 목판을 만들어 평시

서에 세금으로 납부하거나 임의로 방매하였습니다. 수년 전부터 서울 안의 판전인(板廛人)이 도고를 만들어 강변에서 작판(作板)하는 것을 난전이라 칭하고 임의로 방매할 수 없게 하였습니다. 저희들의 생리(生理)는 영잔(零殘)한 가운데 이 오래 내려온 생업을 잃고 그 삶[生]을 지킬 수 없으니, 따로 변통하셔서 빈민(貧民)이 보존할 수 있도록 해주시기 바랍니다.

◎ 비변사의 제사(題辭) 전인(廛人)이 어렵게 목물(木物)을 사서 방매하여 자생(資生)하는 계책으로 삼는데, 내수사 및 여러 궁가에서 억지로 낙인을 찍어 다른 곳에 사고팔지 못하게 하고, 혹은 값을 치르지 않고 가져다 쓰고, 혹은 몇 해가 지나고 나서야 값을 깎아서 내어주니, 극히 놀랄 만하다. 이다음에는 낙인 한 가지는 엄하게 금단하고 또 시가에 따라 값을 지급한 후에 가져다 쓸 것을 명하고 정식으로 삼아 시행하라. 목전(木廛)은 이전부터이미 톱질하여 목판을 만드는 것이 직분에 맞는[分內] 일이었는데, 도성 안의 판계(板契)가 도고를 만들어 난전이라 지칭하며 사고팔지 못하게 하였으니 당연히 원통함을 호소하는 일이 있게 마련이다. 따로 금단할 것을 평시서에 분부하라.

　　龍山大柴木廛
一矣徒等以柴木爲業而水上木物之流下者毋論
大小貿取轉賣爲業資生矣近年以來得債而入去
峽邑貿木流下之際諸處納稅外又多浮費而到泊
之後內司及諸宮房奴隷出來江邊憑公營私木物
好品者多數擇執任意烙印使不得斥賣他處以半

牛之價抑勒折定而取去後或數年不給終至於白

地空失之患故蕩敗流離者十常八九此爲難堪者

而矣徒廛貿取木物引鉅作板納稅於本署任意放

賣矣自數年前京中板廛人作爲都庫江邊作板稱

以亂廛使不得任意放賣矣徒等生理零殘之中失

此久來之業莫保其生別樣變通以爲貧民保存事

廛人艱貿木物以爲放賣資生之計而內司及諸宮家

勒爲烙印使不得買賣於他處或不給價取用或過數

年而減價出給極爲可駭此後則烙印一款嚴加禁斷

亦令從市直給價後取用事定式施行旣是木廛則自

前引鉅作板乃是分內事而京中板契作爲都庫指以

亂廛使不得買賣宜有稱寃另爲禁斷事分付平市署

❋

시목전에서 단순히 나무를 이동시켜 판매하는 유통업에만 종사한 것
이 아니라 톱질[引鉅=引鋸]하여 목판을 만들었음[作板]이 확인된다. 유통
뿐 아니라 가공에도 종사하였으며, 가공한 후에 납세 또는 방매하였던
것이다.

용산대시목전에서는 자신들과 마찰을 빚은 상대를 판전인(板廛人)이
라고 했는데, 비변사에서는 판계(板契)라 지칭하고 있다. 판전(板廛)에
대해서는 상세한 정보를 얻기가 어렵지만, 『비변사등록』이나 『일성록』

에 심심치 않게 등장하는 것으로 보아 시안에 등재된 시전이었던 것으로 보인다. 또 「산대별단」에서는 판자전(板子廛)이라고 하였다. 기존 연구에서는 "한강변에는 경중(京中) 판전(板廛)이 만든 분전(分廛)과 같은 것도 있었"다고 보기도 하였다(강만길 1973: 72).

55

용산사촌리소시목전龍山沙村里小柴木廛

◎ 시전의 상언(上言) 대시목전(大柴木廛)은 본래 용산에 있고, 저희 전은 그 부용(附庸)이 됩니다. 크고 작은 국역 및 여러 가지 목물(木物)의 책응(責應)은 모두 용산의 본전(本廛)에서 담당합니다. 용산에는 사부가(士夫家)가 많이 있기 때문에 호노(豪奴), 한복(悍僕)이 세력에 의지하여 난리를 일으키는 일이 이르지 아니한 곳이 없고, 시선(柴船)이 도착하여 하륙(下陸)할 때에 선인(船人)을 침어(侵漁)함이 망유기극(罔有紀極)합니다. 선인은 한번 낭패를 당하면 절대로 다시 오지 않기 때문에, 본업(本業)을 잃습니다. 이 때문에 용산의 대시목전은 바야흐로 파산(破散)하는 중에 있고, 일찍이 시안에 등재되어 국역을 담당했던 저희 전도 역시 파산(罷散)될 형세에 있습니다. 수상(水上)의 시선(柴船)이 도착하여 하륙(下陸)할 때 사부가(士夫家)의 하인 수십 명이 작당(作黨)하여 역인(役人)이라 칭하면서 좌투우절(左偸右竊)하고 난리를 일으킴이 용산전(龍山廛)과 다르지 않으므로, 시선이 또한 와서 머무르지 않아 저희

전은 이에 따라 역시 파산하게 됩니다. 용산이 사촌(沙村)으로부터 서로 떨어진 것이 비록 아득히 멀리 떨어진 포구는 아니라 하더라도, 각기 경계가 있으므로, 이놈들이 경계를 넘어와서 침범하는 것은 너무나 지극히 원통하니, 각별히 금단하여 잔민(殘民)이 보존하기 어려운 폐단이 없도록 해주시기 바랍니다.

◎ 비변사의 제사(題辭) 대시목전은 용산에 있고, 소시목전은 떨어진 포구의 사기(沙基)에 있는데, 대시목전 근처에 있는 세가의 호노, 한복이 이 전으로 넘어와서 전인 및 선인을 침학하므로, 시선은 두려워서 모여들지 않고, 전인은 이익을 잃고 탕패하게 되니, 이들 무뢰배를 만약 엄하게 징벌하지 않는다면, 두려워하여 그만두는 일이 없을 것이다. 각별히 조사해내어 엄형(嚴刑, 엄중히 형벌함)·정배(定配, 장소를 정해 귀양 보냄)하고, 이로써 뒷날의 폐단을 막을 것을 평시서 및 한성부에 분부하라.

龍山沙村里小柴木廛

一大柴木廛本在龍山而矣徒廛則爲其附庸也大

小　國役及諸般木物責應皆自龍山本廛擔當矣

龍山多有士夫家故豪奴悍僕藉勢作亂無所不至

柴船到泊下陸之際侵漁船人罔有紀極故船人一

番見敗絶不復來故本業亡矣以此之故龍山大柴

木廛方在破散之中而尙載市案擔當　國役矣徒

廛段置亦有罷散之勢水上柴船到泊下陸之際士

夫家奴子數十人作薫稱以役人左偸右竊作亂無

異於龍山廛故柴船亦不到泊矣廛從此亦罷矣龍山之於沙村相去雖不遐遠隔浦而各有境界則右漢等越境來侵萬萬切痛各別禁斷俾無殘民難保之弊事

大柴木廛在於龍山小柴木廛在於隔浦之沙基而大柴木廛近處勢家豪奴悍僕越來本廛侵虐廛人及船人故柴船則畏以不集廛人則失利蕩敗此等無賴輩若不嚴懲則無以畏戢各別查出嚴刑定配以杜後弊事分付平市署及漢城府

여기서 격포(隔浦)의 사기(沙基)나 사촌(沙村)은 지금의 용산구 이촌동(二村洞) 일대를 지칭한다. 용산에서 그리 멀지 않은 곳에 용산의 대시목전(大柴木廛)에 딸린 '부용전(附庸廛)'으로서 소시목전(小柴木廛)이 있었던 것이다. 「산대별단」에 따르면, 뚝섬시목전[纛島柴木廛]에도 부용전으로서 소시목전(小柴木廛)이 딸려 있었다.

56

해전 醢廛

◎ 시전의 상언(上言) 저희 전은 강에 위치하여 젓갈[醢]을 업으로 삼고 있
는데, 세력에 의지하여 난매하는 무리는 실로 이렇게 견뎌내기 어려운 폐단
이며, 심한 경우에는 배 전체로 젓갈을 운반하여 임의로 난매(亂賣)하니, 지
금부터 시작하여 세가와 여러 궁가의 하인배로서 전과 같이 세력을 믿고 의
지하여 난매하는 부류가 있으면 각별히 엄금하여 잔전(殘廛)으로 하여금 보
존할 수 있게 하여주시기 바랍니다. 저희 전[本廛]에서 소관(所管)하는 물화
를 남김없이 모조리 사고파는 것은 바야흐로 도고라고 이를 만하지만, 저희
전의 물화는 다른 전과는 다름이 있습니다. 서울 안팎에서 8강(八江)의 상
인 모두가 젓갈이라는 물화를 난만(爛熳)히 발매하였는데, 몇 해 전에 법사
에서 저희 전을 일컬어 도고라 하고 형리(刑吏)를 보내어 추착(推捉)하였으니
이 어찌 원통하지 않겠습니까? 이와 같은 즈음에, 그 부비(浮費)는 어떠하겠
습니까? 엎드려 비오니 법사에 엄칙하셔서 전과 같이 횡침하지 못하게 하시

고, 무고(無告)한 잔민으로 하여금 보존할 수 있도록 하여주시기 바랍니다.

◎ 비변사의 제사(題辭) 강상(江上)의 어염(漁塩)과 젓갈 등의 전에 관한 폐막을 변통한 후에, 이 전[本廛]이 억울하다고 호소하는 한 가지를 명백히 조사하여 처결하도록 평시서에 분부하라.

◎ 시전의 상언(上言) 해전(醢廛)은 옛날에 마포에 설치되었습니다. 남대문 밖 칠패(七牌)의 무뢰배 30여 명이 합시(合市)한 후 3강(三江)에서 젓갈 담그는 것을 업으로 삼는 사람들에게 세전(稅錢)을 받는다고 하면서 1옹(瓮)당 2전씩을 받아 거두며, 새우젓[白蝦醢] 역시 배에 올라타서는 후서강(後西江)에서 기다려 전부 도집(都執)하려고 하고, 다른 사람은 간섭할 수 없게 합니다. 몇 해 전에 형조에서 마포에 사는 사람들이 여러 차례 쟁송(爭訟)한 바로 인해서 퇴출(退出)을 분부하시기에 이르렀습니다. 이 때문에 반찬이 너무 귀해져서 칠패가 도고임이 적실하다 하시니 혁파하여 금단하여주시기 바랍니다.

◎ 비변사의 제사(題辭) 강상(江上)의 어염(漁塩)과 젓갈 등의 전에 관한 폐막을 변통한 후에, 이 전[本廛]이 억울하다고 호소하는 한 가지를 명백히 조사하여 처결하도록 평시서에 분부하라.

醢廛

一矣廛處江業醢而依勢亂賣之徒實是難堪之弊

而甚者有全船運醢恣意亂賣是白如乎自今爲始

勢家與諸宮家傔奴輩如前挾勢亂賣之類各別嚴

禁俾使殘廛得以保存本廛所管物貨無遺買賣者

方可謂之都庫而矣廛物貨則與他有異京城內外

八江之民皆有醢物爛熳發賣是白去乙年前自法

司以矣廛謂之都庫而發刑吏推捉此豈非冤痛者

乎如是之際其所浮費爲如何哉伏乞嚴飭法司俾

不得如前橫侵使無告殘民得以保存之地事

江上漁塩醢等廛弊瘼變通後本廛稱冤一款明查處

決事分付平市署

一醢廛古設麻浦矣南大門外七牌無賴輩三十餘

人合市後三江沈醢爲業人處每瓮稱以收稅錢二

錢式收捧白蝦醢亦爲乘船要於後西江沒數都執

他人使不得干涉年前自刑曹因麻浦居民等屢次

爭訟而至於分付退出以此之故饌物極貴七牌都

庫的實云革罷禁斷事

江上漁塩醢等廛弊瘼變通後本廛稱冤一款明查處

決事分付平市署

❋

해전(醢廛)에서는 젓갈[醢]을 팔았으며, 무푼전이었고, 남대문 밖에 있
었다("賣醢在南大門外", 『한경지략』). 남대문 밖에 해전이 있었음은 『동국문
헌비고』와 『만기요람』에서도 확인된다("南門外醢廛"). 마포에 있었던 젓

갈 가게에 대해서는 『육전조례』를 통해 알 수 있는 정도이다(麻浦鹽醢廛).
『시폐』에서는 오랜 역사를 가진 마포의 젓갈전[醢廛]이 새롭게 등장한
남대문 밖 칠패의 젓갈 상인들과 갈등을 겪고 있었음을 알려준다. 기존
연구에서는 『승정원일기』의 기사를 통해 1746년에 해전이 창설되는 사
례를 소개한 바 있다(한상권 2000: 283).

근래 들으니 마포의 부민(富民) 30~40명이 큰 집에 한데 모여 전호(廛號)
를 만들고, 각종 물고기와 젓갈 등의 물종을 한곳에 쌓아두고는 도고라 칭
하며 조종발매(操縱發賣)하여 반찬거리 값이 높이 뛰게끔 하였다. 또한 서울
과 지방을 물론하고 젓갈 상인이 마포에 와서 정박하면 세금을 거둔다고 하
면서 새우젓은 매선(每船) 10분의 1의 세금을 늑탈하며, 그 밖의 각종 젓갈
은 항아리 수의 다소에 따라 매선 10여 냥을 수봉(收捧)하는데, 1년을 통틀
어 합하면 얼마인지 모를 정도여서 상고배(商賈輩)의 칭원(稱冤)이 망유기극
(罔有紀極)하다. 또한 연강(沿江)의 젓갈 담그는 집에도 사사로이 적간(摘奸)하
여 항아리당 3~4전(錢)을 수봉하는데 합계하면 또한 그 수가 얼마인지 몰라
서 강민(江民)의 호원(呼冤) 역시 헤아릴 수 없다.[1]

57

축롱전시민 杻籠廛市民

◎ 시전의 상언(上言) 저희들의 전은 가정(嘉靖) 임오년(1522)에 창설되어 국
역에 응해왔지만 피잔(疲殘)하여 스스로 그만두었다가, 무오년(1558?)에 평
시서에 복구(復舊)를 정소(呈訴)하였고, 또 기미년(1559?)에 상언(上言)하고 임
금에게 거듭 아뢰어 윤허를 얻었으니, 이렇게 누백(累百) 년이나 오래된 전
임이 충분히 명백하거늘, 임술년(1742)에 한성부에서 여러 가지 신전(新廛)
을 혁파하실 때에 저희 전도 혼입(混入)을 면하지 못하고 함께 혁파되었으
니, 너무나도 지극히 원통합니다. 10년 이내에 신설되어 혁파된 것이 거의
모두 차례로 복구되었는데, 저희들만 유독 복설(復設)되지 않은 것은 너무
나 원통합니다. 저희들이 응역(應役)하는 곳으로 말하자면, 황단(皇壇)·종묘
(宗廟)·사직(社稷)·영희전(永禧殿)·각 능침(陵寢)·문묘(文廟)·소현묘(昭顯廟)·
효장묘(孝章廟)의 제향 및 각 전(殿) 수라간 내외(內外) 선온(宣醞)하실 때, 여
러 도감(都監), 대소과장(大小科場), 각 군문의 호궤(犒饋), 능행(陵幸)하실 때,

진연(進宴)하실 때, 칙행(勅行)하실 때의 허다(許多)한 축기(柧器)로 긴급한 물건이 아닌 것이 없으며, 스스로 맡아서 책응(策應)하였는데, 뜻밖에 혁파되어 생업을 잃었으니, 축기는 속할 만한 곳이 없으므로 평시서에서 다른 전에 속하게 하는 것은 더욱 의의(意義)가 없습니다. 갑자년(1744)부터 작년까지 여러 차례 평시서에 호소하였으나 끝내 복설되지 못하였으니, 지금 온갖 폐단을 이정(釐正)하는 날을 맞이한 것은, 곧 저희들의 원통함을 고하는 때입니다. 엎드려 빌건대 성조(聖朝)께서 백성을 사랑하는 뜻을 체현하시고, 저희 전의 원한을 품은 상황을 생각하셔서 평시서의 시안(市案)을 하나하나 취람(取覽)하신 후 바로 복설할 것을 명령하셔서 취업(就業)의 혜택을 입도록 해주시기 바랍니다.

◎ 비변사의 제사(題辭) 축롱전이 창설된 것은 거의 200년이 지났다. 지난번에 10년 이내에 신설된 전을 혁파할 때 그 안에 섞여 들어갔는데, 전인(廛人)이 뒤늦게 혁파된다는 알림을 듣고 연유(緣由)를 갖추어 정소하였더니, 한성부에서 그 잘못 혁파한 것을 깨닫고서 환설(還設)하라는 뜻을 소장(訴狀)에 제급(題給)해주었는데, 아직 회복에 미치지는 않았다. 혁파된 여러 전이 지금 모두 복구되었으니, 그 원통함을 호소하는 바는 사리에 당연하다. 또 복구해도 다른 폐단이 없을 것이니 마찬가지로 복구할 것을 평시서에 분부하라.

　　　柧籠廛市民

　　一矣等廛刱設於嘉靖壬午年以應　國役矣疲殘

　　自罷是白如可戊午年呈本署復舊且於己未年

上言覆　啓蒙　允則其爲累百年舊廛十分明白是
白去乙壬戌年自漢城府革罷各樣新廛時矣廛未
免混入一同見罷已極至冤而十年內新設革罷者
幾皆鱗次復舊而矣等之獨未復設者萬萬冤痛是
白乎於以矣等應役處言之　皇壇　宗廟　社稷
永禧殿各　陵寢　文廟　昭顯廟　孝章廟祭享及
各　殿水刺間內外宣醞時諸都監大小科場各軍
門犒饋　陵幸時　進宴時勅行時許多柶器無非
緊急之物而自當策應矣意外見罷失業而以柶器
之無處可屬自本署屬之他廛尤無意義也自甲子
至昨年累訴本署終未得復設今當百弊釐正之日
卽矣等告冤之秋也伏乞體　聖朝愛民之意念矣
廛抱冤之狀本署市案一一取覽後卽令復設俾蒙
就業之澤事
柶籠廛剏設幾過二百年曾前十年內新設廛革罷時
混入其中廛人晚聞革罷之報具由呈訴則京兆覺其
誤革還設之意題給於狀矣未及復而革罷諸廛今盡
復舊則其所稱冤事理當然且復舊而無他弊端一體
復舊事分付平市署

『시폐』 외의 자료 중에서는 「폐막별단」이나 「산대별단」에서만 축롱전(杻籠廛)이 보인다. 축롱전시민의 호소 내용 중에서 축기(杻器)라는 표현이 있는 것으로 보아 축롱전에서 싸리바구니[杻籠]만 취급한 것은 아닌 듯하다. 그런데 축롱을 취급 품목으로 나열한 곳으로는 앞에서 소개한 목기전(木器廛)도 있었으며, 거전(炬廛)에서는 싸리젓가락[杻箸]의 진배를 담당하고 있었다. 또한 육우전, 족두리전, 내분전, 서빙고시목전, 마포 토정시목전 등에서 축롱의 진배에 대한 부담을 안고 있었는데, 축롱전의 복설을 통해 폐단의 제거를 기대할 수 있게 되었다. 『시폐』에서 다른 전과는 달리 축롱전에 대해서만 축롱전'시민'이라는 제목을 붙여놓은 것은, 일단 폐시(廢市)된 상태의 전이므로 도중이 아닌 개별 상인의 집단으로 취급되고 있었기 때문이 아닐까?

[무제]

　다음과 같이 전교(傳敎)하셨다: "법이 통행되지 않는 것은 위에서부터 이를 위반하기 때문이다."라 하였다.[1] 대신(大臣) 및 차비(差備) 외에는 능라(綾羅)로 만든 제복(祭服)을 입어서는 안 되거늘, 중신(重臣)이나 재상(宰相)이라는 자들이 공인(貢人)에게 징수하고, 낭관(郎官)은 공인에게 명령하여 제관(祭官)을 면하려고 애쓰는 것을 어찌 괜찮다고 하겠는가? 이것이 근래의 습속을 이루어, 지금 비록 신칙(申飭)하지 않더라도 그 마땅히 스스로 노력하여야 할 부분이다. 그 밖에 놀라운 부분이 많지만, 명령을 내리기 전에 그 신칙을 따르기 어렵다. 그 병풍을 제거한 것이 불과 몇 달 동안의 일인데, 그 대신에 장막을 전설사(典設司)[2]에 진배하게 한 것은 그 관계가 몹시 이상스러워 놀랍다. 날짜로 보면, 이번 18일에 임강(臨講)할 때의 일이다. 그때 승지(承旨), 유신(儒臣), 시강원(侍講院) 관원을 모두 종중추고(從重推考)하였다. 지난번에 혼궁(魂宮)의 제기(祭器) 중에서 사옹원(司饔院)[3]의 사기(沙器)가 아닌 것이 있었기 때문에 신칙하였는데, 며칠 전에 혼궁의 제기 중에서 또 그런 그릇이 있었기 때문에, 타이르고 싶었지만 타이르지 않았다. 지금 책자를 열람해보니, 만약에 부족하면 각각 사기계(沙器契)에서 가져다 쓴다고 되어 있으니, 과연 헤아린바 이미 '고주시포(沽酒市脯)'의 전교(傳敎)가 있었는데[4], 어찌 감히 이와 같을 수가 있는가? 해당 빗[色]의 낭청(郞廳)은 그 부(府)에 명령하여 감처(勘處)하라. 제향(祭享)할 때의 풍물(風物)을 수운(輸運)하는 데에는 수레[車子]를 쓰는 것이 마땅한데, 거계(車契) 사람들이 추위(推諉)하고자 악공(樂工)에게 영송(領送)하라고 명령하기를 청한 것은 잘고 사소한 일이나 말을 맺고 있던 중에 또한 허락하셨으니, 사체(事體)가 그러하지 않다. 비록 공시인(貢市人) 된 자들이라고 하더라도 이런 자잘하고 사소한 일까지 그 어찌 잘못 따르겠는가? 해당 당상은 모두 종중추고하라. 막중한 종묘(宗廟)에 소용(所用)되는 욕석(褥席)과 도석(鞱席)은 상의원[尙房][5]에서 만들어 진배하는 것이 사체(事體)가 당연한데, 한 낭관(郞官)이 사조(私造)의 관행을 새로 만든 그 관계가 놀랄 만하다. 햇수가 오래되지 않았으니, 해당 낭청(郞廳)은 그 부(府)로 하여금 처리하도록 명령하라. 청옥량(靑玉樑)과 독옥대(禿玉帶)는 만약 원상(院上)이 없으면 상의원에 예청(例請)하여 무래(貿來)하는데, 이는 오직 상의원에 옥량(玉樑)과 옥대(玉帶)가 있어서이니 전인(廛人)이 미리 어느 곳에 사들여놓겠는가? 이 한 가지를 뽑아내어 이로써 상의원에 분부(分付)하고, 그중에서 값을 주지 않고 사사로이 무역하고 직접 봉감(捧甘)하여 취용하며 억지로 구하는 것은 시민에게 난전하는 것이므로, 시민의 크나큰 폐단이 된다. 이다음에 범(犯)하는 자는 평시서[本署]에서 드러나는 대로 비변사에 보고하고, 범한 자에게 '제서유위(制書有違)'의 법률을 시행할 것이며[6], 숨기고 보고하지 않은 자는 그 서(署)의 관원과 같이 그 법률을 쓰도록 과조(科條)를 엄하게 세우라.

傳曰法之不行自上犯之大臣及差備外無綾羅祭服則
身爲重宰徵於貢人郎僚之令貢人求免祭官者烏
可已乎此成近習今雖不飭其宜自勉處也其他可
駭處多而於令前其難隨飭去其屛風不過數月間
事則其代以帳使之進排於典設司者其涉駭然以
日字觀之今十八日臨講時事其時承旨儒臣侍講
院官員並從重推考頃者魂宮祭器中有非司饔院
沙器者故申飭而數昨魂宮祭器中又有此器故欲
諭而不諭今覽冊子其若不足每取用於沙器契云
果若所料旣有沽酒市脯之　敎則焉敢若此當該
色郎廳令該府勘處　祭享時風物輸運宜用車子
車契人之其欲推諉請令樂工領送已涉瑣細結語
中亦許之事體不然雖爲貢市人此等細瑣之事其何
曲循當該堂上並從重推考莫重　閤宮所用褥席
韜席尙方造進事體當然而一郎官之靭開私造其
涉可駭年條不遠當該郎廳令該府處之靑玉樑禿
玉帶若無院上則尙方例請貿來此則惟在尙方玉
樑玉帶廛人預貿置何處乎此一款拔之以此分
付尙方其中不給價私貿易直捧甘取用勒求亂廛

於市民卽市民之巨弊此後犯者本署隨現報備局

犯者施以制書有違之律隱而不報者該署官員同

用其律事嚴立科條

✽

　『시폐』의 가장 뒷면에 적혀 있는 이 글은『승정원일기』영조 29년 (1753) 7월 9일자 기사 중에서 일부를 거의 그대로 옮겨 적어둔 것으로 서『시폐』본문과는 필체가 다르고 제목이나 주기가 전혀 없다. 이날은 이정당상(釐正堂上)들이『공폐』와『시폐』라는 '공시폐책자(貢市弊册子)' 또 는 '공시인폐이정책자(貢市人弊釐正册子)'를 영조에게 봉진(奉進)한 날이 다. 그런데 같은 날짜의 기사 중에서 다른 부분을 보면, 영조가 "책자 열 권을 내가 이미 모두 펼쳐보았다"고 하였음이 확인된다.[7] 현재 규장 각에 소장되어 있는『공폐』가 제6책까지,『시폐』는 (결질인 제1책을 포함 하여) 제3책까지 있는바, 영조가 열 권을 보았다는 것은『공폐』와『시폐』 외에 '공시폐책자'를 구성한 한 권의 책이 더 있었다는 말이 된다. 그 한 권의 책은 다름 아닌『강폐(江弊)』였다.[8]『강폐』에는 강전(江廛)의 호소, 구체적으로는 삼강(三江)의 어전(魚廛), 염전(鹽廛), 난해전(卵醢廛) 등 도 합 5전(五廛)[9]의 상언(上言)이 포함되어 있었을 것이다. 하지만 강전의 존 치나 혁파에 대한 논의가 일단락되지 않아,『강폐』는『공폐』나『시폐』와 달리 초본(草本) 단계에 머물렀던 것으로 보인다.[10] 이와 관련한 내용이 요약된『비변사등록』의 기사를 소개해둔다.

다음과 같이 전교(傳敎)하셨다: 공시인(貢市人)의 폐단을 이정하는 책자는 이미 다 보고 내려주었으나, 강폐(江弊)를 이정하는 책자에 있어서는 한 조항(條項)에 중신과 재신(宰臣)의 의견이 같지 않았기 때문에 그대로 두게 하였다. 오늘 대신이 입시하여 먼저 중신의 의견에 따라 시행하라고 하교(下敎)하였으나, 전인(廛人)이 만약 예전의 관습을 좇아 강민(江民)에게 폐를 끼친다면, 해당 전인을 엄히 신문하여 도형(徒刑)으로 정배(定配)하는 것으로 재신의 처음 책자의 논의대로 다시 시행하라. 갑자절목(甲子節目, 1744)을 준행하였다면, 어찌 이번 책자가 있었겠는가? 이는 오로지 나라에 기강이 없음에 연유한 것이며, 비변사와 한성부가 모든 일에 대해서 문제 삼지 않고 그대로 내버려두었기 때문이다. 이다음에 강민에게 다시 폐단이 있게 되었을 때, 비변사가 이를 묻지 않고 한성부가 또 이를 돕게 된다면, 나라의 기강은 이로부터 깡그리 사라지게 될 것이다. 또 지금 만일 법도를 세우려고 한다면, 당초에 신칙하지 않은 절목을 신칙해야 마땅한데, 지금 들으니 갑자절목 이후에 한성부에서 난전(亂廛)을 시행케 한 일이 있다 하니, 일의 한심함이 이보다 더할 수 없다. 이를 엄징(嚴懲)하지 않고 어떻게 법도를 세우겠는가? 잘못을 저지른 한성부의 해당 당상은 모두 파직불서(罷職不敍)하라.[11]

부록 1

『시폐』에 없는 시전

본문에서는『시폐』제2책과 제3책을 중심으로 각전에 대해 설명하였다. '백각전(百各廛)'이라 이름 붙였던 것처럼[1], 18~19세기 서울에는 그 외에도 많은 시전이 있었다. 여기에서는 육주비전[六矣廛], 유푼각전[有分各廛], 무푼각전[無分各廛], 포사(舖肆)로 구분하여, 주요 자료를 인용하는 방식으로 간략히 해설해둔다. 이는『시폐』제1책을 포함한 누락분을 채워 넣음으로써 18~19세기 시전의 전체상을 조망하기 위함이다. 본문에서 이미 설명한 곳은 생략하였다.

● 육주비전(六注比廛)

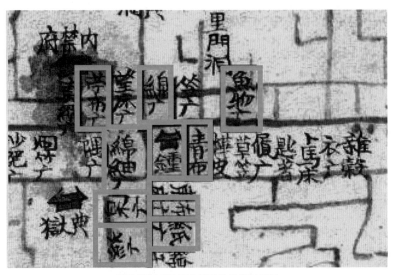

육주비전(六注比廛)의 위치 (출처: 『청구요람』)
저포전, 선전, 내어물전, 면주전, 청포전, 백목전, 지전, 포전 등이
종루[鍾]를 중심으로 집중되어 있음을 알 수 있다.

● 선전[立廛]

입전(立廛)은 선전(縇廛)이라고도 하였으며, 자료에 따라서는 선전(線廛)
이나 면전(綿廛)으로 표기된 경우도 있다. 『동국여지비고』에서는 "시전
을 설립하던 처음에 우선 선전을 세웠기에 속칭 입전이라 한다"고 하
였고(立市之初先立縇廛俗稱立廛), 『한경지략』에서는 "길게 서서 물건을 파
는 것을 이른다"고 하였다(謂長立而賣物也). 『진람』에서는 "전인이 길 위
에 서서 사람을 불러 사고팔았기 때문에 션젼이라 한다"고 하였다(立廛
션젼○廛人立街上招人賣買故曰立廛). 시전 중에서 국역의 비중이 가장 높

은 10푼[分]을 분담하고 있었다. 다양한 중국산 비단을 파는 곳이었으며("賣中國匹緞綃絹等物", 『동국여지비고』), 전의감동 입구에 동서로 늘어서서, 즉 종루 길의 북쪽에 있었다("在典醫監洞口東西卽鐘樓路北", 『동국여지비고』). 42개의 방(房)이 있었다고 하니("凡四十二房", 『동국여지비고』), 그 규모를 짐작할 만하며, 가히 전체 시전을 대표하는 위상이었다고 하겠다. 『한양가』에서도 가장 많은 분량으로 서술되어 있다. 입전에 관하여 널리 알려진 자료로는 이능화(1938: 710~721)에서 소개한 바 있는 「입전완의문서(立廛完議文書)」 등이 있다.

션젼은슈젼이라 돈만흔시졍드리
호ᄉᆞ도홀난ᄒᆞ고 인물도쥰슈ᄒᆞ다
각ᄉᆡᆨ비단버려스니 화려도장홀시고
공단ᄃᆡ단ᄉᆞ단이며 궁초ᄉᆡᆼ초셜한초며
금계졔파일륜홍의 날도닷다일광단과
일년명월금소다라 달이발근월랑단과
츄운담담영유유라 보기조흔운문ᄃᆡ단
츈풍도리화개야의 번화됴흔도리불슈
ᄆᆡ화만국청모젹은 ᄆᆡ쥭문가계쥬며
룡귀효동운유습이라 홀난홀ᄉᆞ 룡문갑ᄉᆞ
상ᄉᆞ블견이ᄂᆡ마음 임그리온상ᄉᆞ단과
은황셩희일도통ᄒᆞ니 통ᄒᆡ쥬일홈짓고
명ᄃᆡ금방졔일인이라 상원쥬되야잇고

산쳔초목번셩ᄒ니 넘츌진포도디단

만경창파조개비단 보기조흔금션단과

부화부슌만ᄉ셩의 양화단일홈짓고

팔월구월쳔거닝ᄒ니 셜ᄉ빙ᄉ되야잇고

틱상노군호로단과 쳔셰만셰만슈단과

역발산긔개셰ᄂ 초한젹우단일다

얼눅달눅광월ᄉ며 알숑달숑알롱단과

한냥두냥팔냥쥬며 한쌍두쌍쌍문초며

슈건감흑져ᄉ며 이불차남츄라며

볼셔쌈ᄌ지상직 휘양감검은궁초

緬塵은 首塵이라, 돈 많은 市井들이

豪奢도 混亂하고, 人物도 俊秀하다.

各色 緋緞 벌였으니 華麗도 壯할시고,

貢緞, 大緞, 紗緞이며 宮綃, 生綃, 雪漢綃며,

金鷄 啼破 一輪紅의 날 돋았다 日光緞과

一年 明月 今宵多라 달이 밝은 月光緞과

秋雲淡淡 暎悠悠라 보기 좋은 雲紋 大緞,

春風 桃李 花開夜의 繁華 좋은 桃李 佛手,

梅花 萬國 聽暮笛은 梅竹紋 가계紬며,

龍歸 虎洞 雲猶濕이라 混爛할사 龍紋 甲紗

相思不見 이내 마음, 임그리운 相思緞과

銀漢 星稀 一道通하니, 通海紬 이름 짓고,

名掛 金榜 第一人이라 壯元紬 되어 있고,

山川草木 繁盛하니, 넌출 진 葡萄大緞,

萬頃蒼波 조개 緋緞, 보기 좋은 金線緞과

夫和婦順 萬事成하니, 兩和緞 이름 짓고,

八月 九月 天氣 冷하니, 雪紗 氷紗 되어 있고,

太上老君 皓老緞과 千歲 萬歲 萬壽緞과

力拔山 氣蓋世는 楚漢 적 羽緞일다.

얼룩덜룩 光月沙며 알쏭달쏭 아롱緞과

한 兩 두 兩 八兩紬며, 한 雙 두 雙 雙紋綃며,

手巾감 黑苧紗며, 이불감 藍紬羅며,

볼끼감 紫芝 常織, 휘양감 검은 宮綃.

– 출처: 『한양가』

● 면포전(綿布廛)

면포전(綿布廛)은 백목전(白木廛)이라고도 하였다. 면포는 무명을 가리키며, 한자로는 목면(木綿)을 약칭하여 목(木)이라 하였기 때문이다. 면포전에서 취급한 주요 물종은 토산의 무명이었지만("賣土産綿布", 『한경지략』), 은자 역시 팔았기 때문에 은목전(銀木廛)이라고도 하였다("兼賣銀子 或稱銀木廛", 『동국문헌비고』). 선전 다음가는 9푼의 국역을 분담하였으며, 종루 길의 서쪽에 있었다("在鐘樓路西", 『동국여지비고』).

　무명은 다른 피륙과 마찬가지로 그 품질에 따라 얼마나 성글고 촘촘

한지를 가리키는 새[升]로 구분되었는데, 한 새[一升]는 날실 80가닥을 가리킨다. 여덟 새[八升]나 열 새[十升]의 고급에서부터 석 새[三升]의 조악한 것까지 유통되었으며, 대개는 『경국대전』에서 규정한 정포(正布)인 닷 새 무명[五升木]이 보통이었다. 『한양가』에는 면포전의 다양한 취급 품목이 나열되어 있다.

> 빅목뎐각식방의 무명이ᄡᅡ혀셰라
> 강진목히남목과 고양나이강나이며
> 상고목군포목과 공물목무져포와
> 텬은이며졍은이며 셔양목과셔양쥬라

> 白木廛 各色房에 무명이 쌓였어라.
> 康津木, 海南木과 高陽낳이, 江낳이며,
> 商賈木, 軍布木과 貢物木, 巫女布와
> 天銀이며, 丁銀이며, 西洋木과 西洋紬라.
>
> — 출처: 『한양가』

● 면주전(綿紬廛)

면주전(綿紬廛)은 토산의 면주를 팔던 곳이다("賣土産綿紬", 『한경지략』). 면주는 명주(明紬)라고도 하는 비단, 즉 견포(絹布)를 가리킨다. 중국산 비단을 취급한 선전이 10푼의 국역을 분담한 반면, 면주전은 그보다 2푼이 적은 8푼의 국역을 분담하였다. 면주전의 위치는 면포전(백목전) 뒤

전옥서 앞이었다("在綿布廛後典獄署前", 『동국여지비고』). 현존하는 시전 관계 자료 중에서 가장 방대한 분량이 면주전의 것이며, 일찍이 국내 학계에 공간된 영인본(이우성 편 1984)을 비롯하여 많은 자료가 주로 덴리대학[天理大學]이나 교토대학[京都大學] 등 일본에 소장되어 있고, 여러 연구에서 소개된 바 있다(須川英德, Owen Miller, 고동환 등).

● **지전(紙廛)**

지전(紙廛)은 여러 가지 명색의 종이를 파는 곳이었다("賣各名色紙", 『한경지략』). 동전(東廛)과 서전(西廛)으로 나뉘어 있었는데, 동전은 포전의 남쪽에, 서전은 면포전(백목전)의 남쪽에 있었다("東廛在布廛南 西廛在綿布廛南", 『동국여지비고』). 지전은 7푼의 국역을 분담하였다. 지전과 지계(紙契)가 경합 관계에 있었음은 다음 기사를 통해 살필 수 있다.

지전(紙廛)과 지계(紙契)가 서로 다투어온 것은 그 유래가 오래되었습니다. 당초 호남과 호서에 대동(大同)을 설립했을 때 각 고을의 종이 값을 쌀 4말씩으로 정해 지전에서 이를 담당해서 역에 응하도록 하였는데, 지전인들은 값이 헐하다고 하여 이것을 원하지 않았습니다. 그 후에 지전에게 묻지 않고 별도로 사람을 모집하여 지급하였는데, 값이 5말에 이르자 이를 지계라고 부르게 되었고, 이것이 분쟁의 단서가 처음 열리게 된 까닭입니다.[2]

지전에 관한 대표적인 자료로는 『고차지각항지물등서등등전장책(庫次知各項紙物膽書等等傳掌冊)』, 『입의(立議)』, 『지전계등급(紙廛契膽給)』 등이 있다. 지전에서 취급한 종이의 종류는 『한양가』에 보인다.

지젼을둘너보니 각식조희다잇고나

빅지장지디호지며 셜화지쥭쳥지며

션익지화초지며 씌끗홀ᄉᆞ빅면지며

상화지ᄌᆞ문지며 초로지상소지며

쳔년지모토지와 모면지분당지며

궁젼지시츅지와 각식능화고울시고

紙廛을 둘러보니 各色 종이 다 있구나.

白地, 壯紙, 大好紙며 雪花紙, 竹淸紙며

蟬翼紙, 花草紙며 깨끗할사 白綿紙며

霜花紙, 咨文紙, 初塗紙, 上疏紙며

川連紙, 毛土紙와 毛綿紙, 粉唐紙와

宮箋紙, 詩軸紙와 各色 菱花 고울시고.

- 출처: 『한양가』

● 저포전(苧布廛)

저포전(苧布廛) 또는 저포전(紵布廛)은 모시[苧布]를 취급하던 곳이며, 『한경지략』에서는 "모시 또는 누른 모시를 판다"고 하였다(賣苧布及黃苧布). 진사전의 동쪽에 있었으며("在眞絲廛東", 『동국여지비고』), 6푼의 국역을 분담하였다. 저포전에 관한 문서는 내수사와 관련된 「저포전진배증서

(苧布廛進排證書)」와 「저포전수가성책(苧布廛受價成册)」 정도가 현존한다(조영준 2008: 171).

● 포전(布廛)

포전(布廛)은 토산의 삼베[麻布]를 파는 곳이었다("賣土産麻布", 『한경지략』). 『동국여지비고』에서는 포전의 위치에 대하여 면포전의 건너편에 있다거나("在綿布廛越邊"), 동상전의 남쪽에 있다고 표현하였다("在東床廛南"). 포전은 5푼의 국역을 분담하였다. 포전의 취급 품목은 『한양가』에 보인다.

> 뵈젼을살펴보니 각싀마포드러쳣다
> 동포셰포즁산치와 함흥오승심의포며
> 륙진장포안동포와 계쥬리히남포와
> 져포당포 셩계쥬리 문포됴포연휴포며
> 길쥬명쳔가느뵈는 바리안의드는뵈라
>
> 베廛을 살펴보니 各色 麻布 들어쳤다.
> 農布, 細布, 中山치며 咸興 五升 襚衣布며
> 六鎭 長布, 安東布와 계추리, 海南布와
> 倭베, 唐베, 생계추리, 門布, 造布, 永春布며
> 吉州, 明川 가는 베는 바리 안에 드는 베라.
>
> – 출처: 『한양가』

● 내외어물전(內外魚物廛)

어물전(魚物廛)에는 내전(內廛)과 외전(外廛)이 있었으며, 여러 종류의 건어물을 팔았다("內外魚物廛賣各種乾魚", 『한경지략』). 내어물전(內魚物廛)은 이문(里門)의 동쪽과 서쪽에 있었고("在里門東西", 『동국여지비고』), 5푼의 국역을 분담하였다. 외어물전(外魚物廛)은 서소문 밖에 있었고("在昭義門外", 『동국여지비고』), 4푼의 국역을 분담하였다. 『각전기사(各廛記事)』나 『시민등록(市民謄錄)』을 비롯하여 어물전에 관한 정보는 풍부한 편이며 (임인영 1977), 구체적인 취급 품목은 『한양가』에 보인다.

> 어물젼술펴보니 각식어물버러잇다
> 북어관목쑬둑이며 민어셕어통디구며
> 광어문어가오리며 젼복히숨가즈미며
> 곤포몌역다스마며 파리히의우무가시며

> 魚物廛 살펴보니 各色 魚物 벌여 있다.
> 北魚 貫目 骨獨魚며, 民魚, 石魚 통大口며,
> 廣魚, 文魚, 가오리며, 全鰒, 海蔘, 가자미며,
> 昆布 미역 多士麻며, 파래 海衣 우뭇가시며

> — 출처: 『한양가』

● 청포전(靑布廛)

청포전(靑布廛)은 모자전(帽子廛)이라고도 하였으며(『산대별단』), 중국산

석 새 삼베 및 양털 모자를 팔았다("賣中國三升布及羊毛帽子", 『동국여지비고』). 3푼의 국역을 분담하였으며, 종루의 동쪽에 있었다("在鐘樓東", 『동국여지비고』). 취급 품목에는 큰베[大布] 또는 석 새 베[三升], 백전(白氈) 또는 백모전(白毛氈), 홍전(紅氈) 등이 포함되었고(『폐막별단』), 『한양가』에서도 여러 가지가 보인다.

청포전살펴보니 당물화가버려잇다
중침셰침슈놋는바날과 다홍슘승청삼승과
록젼홍젼분홍젼과 삼승고약공단고약
감토모ㅈ회회포의 편강ㅅ탕오화당과
연환당옥츈당과 가진당속버러잇다

靑布廛 살펴보니 唐物貨가 벌여 있다.
中針 細針 繡 놓는 바늘과 茶紅 三升 靑 三升과
綠氈, 紅氈, 粉紅氈과 三升 膏藥, 貢緞 膏藥
감투 모자 回回布와 片薑 沙糖 五花糖과
軟環糖, 玉春糖과 갖은 糖屬 벌여 있다.

— 출처: 『한양가』

● 유푼각전

● 연초전(烟草廛)

서울의 담배 가게는 18세기 중엽까지 엽초전(葉草廛)과 절초전(折草廛)
으로 나뉘어 대립하였으나, 이후에는 연초전으로 일원화하였다(이영학
1985: 214~216). 연초전(煙草廛) 또는 연초전(烟草廛)은 절초전(切草廛)이
라고도 하였으며, 서초(西草) 및 여러 품질의 담배[煙草]를 팔았다("俗稱
切草廛賣西草及各品烟草",『한경지략』). 흔히 담배를 남초(南草)라 한 데 비하
여, 서초는 관서(關西), 즉 평안도 지방에서 나는 고급 담배를 지칭한다.
연초전은 5푼의 국역을 분담하였으며, 그 도가는 하랑교(河浪橋)의 남쪽
에 있었다("都家在河良橋南",『동국여지비고』).

연초전이 분담한 5푼의 국역은 육주비전에 해당하는 포전(5푼)이나
내어물전(5푼)과 같은 수준일 뿐만 아니라 외어물전(4푼)이나 청포전
(3푼)보다 높은 비중이다. 육주비전이 아닌 다른 모든 유푼전이 3푼 이
하의 국역을 분담한 것에 비한다면, 연초전의 국역 부담 비중은 상당히
높은 편인데도 그 이유에 대해서
는 전혀 설명된 바가 없다. 단정하
기는 이르지만, 임진왜란을 전후로
한 시기에 조선에 처음 전래된 담
배라는 상품의 특성 때문이 아닐까
추측해본다. 즉, 새로운 상품을 취
급한 새로운 전이었기 때문에 육

평양의 담배 가게
(출처:「연광정연회도(練光亭宴會圖)」)

주비전에 편입시키기에는 그 전통과 권위, 또는 인적 네트워크에 한계가 있었을 것이다. 기타 17~18세기의 흡연 문화와 담배에 관한 다양한 이야깃거리는 이옥(李鈺)의 『연경(烟經)』에서 상세히 살필 수 있다(안대회 옮김 2008).

● 생선전(生鮮廛)

생선전(生鮮廛)에서는 각종 생선을 팔았으며("賣各種魚鮮", 『한경지략』), 3푼의 국역을 분담하였다. 종루의 서쪽에 있었는데("在鍾樓西", 『한경지략』), 생선전 골목 어귀의 동남쪽에 있었다("在生鮮廛屛門東南", 『동국여지비고』). 『청구요람』에서의 위치는 「계아전」 항목을 참조하라. 『경모궁의궤(景慕宮儀軌)』에 의하면, 18세기 말 생선전의 도가는 기와집[瓦家]이었으며, 장경교(長慶橋)의 남쪽에 있었다(김동철 2001: 17). 『한양가』는 칠패(七牌)에도 생선전이 있었음을 알려주고 있다.

> 칠픠의성션젼의 각식성션다잇고나
> 민어셕어셕슈어와 도미쥰치고동어며
> 낙지소라오젹어며 됴개시오젼어로다
>
> 七牌의 生鮮廛에 各色 生鮮 다 있구나.
> 民魚, 石魚, 石首魚며 도미, 준치, 高刀魚며
> 낙지, 소라, 烏賊魚며 조개, 새우, 鱣魚로다.
>
> — 출처: 『한양가』

● 유기전(鍮器廛)

유기전(鍮器廛)은 바리전[鉢里廛]이라고도 하였으며, 여러 가지 놋그릇[鍮鑄器皿]을 파는 곳이었다("賣各樣鍮鑄器皿", 『동국여지비고』). 2푼의 국역을 분담하였으며, 내어물전 서쪽 행랑 뒤에 있었다("在內魚物廛西行廊後", 『동국여지비고』).

● 화피전(樺皮廛)

화피전(樺皮廛)은 여러 가지 물감 및 중국 과일을 파는 곳이었다("賣各種彩色及中國果實", 『한경지략』). 물건을 벚나무 껍질로 싸기 때문에 화피전이라 불렸으며("物貨裹於樺皮故稱以樺皮廛", 『한경지략』), 1푼의 국역을 분담하였다. 종가의 동쪽에 있었는데("在鍾街東", 『한경지략』), 『동국여지비고』에서는 동상전의 동쪽("在東床廛東") 또는 포전의 동쪽에 있다("在布廛東")고 하였다. 『청구요람』에서도 그대로 확인된다.

● 청밀전(淸蜜廛)

청밀전(淸蜜廛)은 꿀을 팔던 곳이다("賣蜂蜜", 『한경지략』). 배오개에 있었으며("在梨峴", 『한경지략』), 1푼의 국역을 분담하였다. 도가는 하피마(下避馬) 골목 어귀의 동쪽에 있었다("都家在下避馬屛門東邊", 『동국여지비고』). 『청구요람』에서도 위치가 확인된다.

　당시에는 흔히 꿀을 청(淸)이라 하였으며("俗呼蜜曰淸", 『한경지략』; "俗稱蜜曰淸", 『진람』), 청밀(淸蜜) 역시 마찬가지이다. 꿀의 색깔이나 품질을 구체적으로 표현할 때에는 백청(白淸) 또는 황청(黃淸) 등으로 표현하였다.

● 연죽전(烟竹廛)

연죽전(煙竹廛) 또는 연죽전(烟竹廛)은 여러 가지 색깔로 물들여 만든 담뱃대 및 재떨이를 파는 곳이었다("賣各色染成之吸烟竹及烟盃", 『동국여지비고』). 여러 곳에 있었으며("在各處", 『한경지략』), 1푼의 국역을 분담하였다. 도가는 두 군데였는데, 하나는 군기시 앞에 다른 하나는 약현에 있었다 ("都家二一在軍器寺前一在藥峴", 『동국여지비고』). 『청구요람』에서는 사기전의 동쪽에 보인다.

연죽전에서 다양한 형태의 담뱃대를 판매하게 된 것은 17~18세기에 널리 퍼지게 된 흡연 문화 때문이었다(안대회 옮김 2008). 연죽전에서는 담뱃대의 재료인 대나무를 확보하여 직접 담배설대를 만들고 이를 담배통 및 물부리와 조립하여 판매한 것으로 추정된다. 서부 서강방(西江坊)에 살았던 서산강주인(瑞山江主人) 정진호(鄭鎭昊)가 한성부에 호소한 내용에 따르면(고민정 외 2013:257), 19세기 연죽전에서는 한강변의 여객주인을 통해 간죽(簡竹)이나 잡죽(雜竹)을 확보하고 있었던 것으로 보이기 때문이다.

남문 밖에 사는 김영택(金英宅)이라는 놈이 감히 불측한 계책을 내어 서산에 사는 그의 당질 김창근(金昌勤)과 부동(符同)하고 또 서울에 사는 연죽전 시민(烟竹廛市人)과 체결(締結)하여 몰래 서산에 내려가 간죽(簡竹)과 잡죽(雜竹)을 아울러 구입하여 상경한 후 몰래 팔아 이익을 모조리 차지하고는 남의 기업(基業)을 빼앗으려 하는 까닭에[3]

● 무푼각전

김홍도의 풍속화 「씨름」에서 어린아이가
목판을 메고 엿을 파는 모습

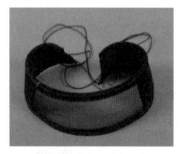

망건 (출처: 한국민족문화대백과)

● 백당전(白糖廛)

백당전(白糖廛)은 엿을 파는 곳이었으며("賣飴糖",『한경지략』), 여인전(女人廛)이었다(「산대별단」). 여러 곳에 있었으며, 어린아이가 목판을 메고 다니면서 팔기도 하였다("在於各處而兒童亦荷盤行賣",『한경지략』).

● 망건전(網巾廛)

망건전(網巾廛)은 머리를 싸는, 총결(驄結)과 망건(網巾)을 팔던 곳이다("賣裹頭之驄結綱巾",『한경지략』). 하나는 종루에, 다른 하나는 서소문 밖에 있었다고 하지만("一在鍾樓一在昭義門外",『동국여지비고』), 아침에는 서소문 밖, 낮에는 종루 곁에 있었다고 하니 실은 같은 상인들이었다("其廛人朝則在西小門外午則在鍾樓傍",『한경지략』).

● 전촉전(箭鏃廛)

전촉전(箭鏃廛) 또는 전촉전(箭鏃廛)은 여러 가지 살촉[箭鏃], 즉 화살촉을 팔던 곳이다("賣各樣箭鏃", 『한경지략』). 동대문 안의 이교[蓮池橋] 남쪽의 냇가에 있었다("在東大門內", 『한경지략』. "在二橋南川邊", 『동국여지비고』). 이교의 위치는 철물전 항목을 참조하라.

● 씨앗전[種子廛]

씨앗전[種子廛]은 채소·쪽[藍]·여뀌[蓼] 등 여러 가지 씨앗을 팔던 곳으로, 여러 곳에 있었다("在各處賣菜蔬藍蓼諸種子", 『동국여지비고』).

● 교자전(轎子廛)

교자전(轎子廛)은 여러 가지 가마[轎子]를 팔던 곳이다("賣各樣轎子", 『동국여지비고』). 교자전(橋子廛)으로 표기되기도 했다(『산대별단』). 회현방의 동네 어귀에 있었다("在會賢坊洞口", 『동국여지비고』).

● 죽물전(竹物廛)

죽물전(竹物廛)은 대나무로 만든 여러 가지 크고 작은 물건을 팔던 곳으로, 남대문 밖에 있었다("在崇禮門外賣各樣大小竹物", 『동국여지비고』).

● 형파전(荊杷廛)

『한경지략』에서는 초물전 항목에서 "또 형파전이 있다"라고만 하였으나 ("又有荊杷廛"), 보다 자세한 내용은 『동국여지비고』에서 확인된다. 형파

전(荊杷廛)은 성 밖에 있었으며("在城外"), 나무꾼이 쓰는 갈퀴[葛叱其]를
팔았다("賣樵夫所用葛叱其", 『동국여지비고』). 형파(荊杷)는 갈퀴의 한자어에
해당한다("葛叱其者荊杷也").

● 포사

포사(舖肆) 역시 서울에 있던 상설 점포지만, 국역이나 진배의 의무를
부담하지 않았다는 점에서 시전이나 공계와 다르다. 시전과의 비교를
위해, 여러 자료에 기록된 내용을 풀어서 옮겨 적어둔다.

● 약국(藥局)

약국[賣藥之局]은 모두 구리개[銅峴]에 있고, 좌우로 늘어서 있다. 그리고
각처에 흩어져 있는 것은 문이나 옆에 꼭 신농유업(神農遺業)이나 만병회춘
(萬病回春)이라는 글귀를 써 붙이고, 길거리 쪽의 창문에는 꼭 갈대발[蘆箔]을
드리워놓았다. … 정유(貞蕤) 박제가(朴齊家)의 「성시전도시(城市全圖詩)」에 나
오는 "갈대발[葦簾] 가운데 앉은 사람이 일없이 한가한 듯 앉아서 천궁(川芎)
이니 백지(白芷)니 하며…"라는 글귀가 이것이다.[4]

약국(藥局)은 구리개의 길가 좌·우에 있으며, 또 여러 동네에 흩어져 있
다. 그리고 훈련도감·금위영·어영청의 삼영(三營)에도 약방이 있다. 중국산
및 국산의 약재와 첩약(貼藥)을 판다.[5]

구리개좌우집의 신롱유업뼈부치고

각싁약이다잇구나 슈세졔즁하리로다

인숨사숨현숨이며 황년황금황빅이며

진피쳥피디복피며 감초자초하고초며

우황자황구황이며 웅담구담ᄉ담이며

침향졍향당ᄉ향과 룡뇌룡안룡골이며

소합원광졔환과 태을환소침환과

쳥심환안신환과 포룡환만응환과

운무고와우황고며 오독고신이고며

졔즁단옥츄단과 벽운단ᄌ금단과

옥셜금셜진쥬셜과 은박금박호박셜과

민강귤병금젼병과 녹룡고경옥고와

상빅초졔만민은 염졔시공덕일셰

물즁지디장홀시고 졔왕의도읍일다

구리개 左右 집에 神農遺業 써 붙이고

各色 藥이 다 있구나, 壽世濟衆 하리로다.

人蔘 沙蔘 玄蔘이며, 黃蓮 黃芩 黃栢이며,

陳皮 靑皮 大腹皮며, 甘草 紫草 夏枯草며,

牛黃 佗黃 狗黃이며, 熊膽 狗膽 蛇膽이며,

沈香 丁香 唐麝香과 龍腦 龍眼 龍骨이며,

蘇合丸 廣濟丸과 太乙丸 燒鍼丸과

淸心丸 安神丸과 抱龍丸 萬應丸과

雲母膏와 牛黃膏며, 五毒膏 神異膏며,

濟衆丹 玉樞丹과 辟瘟丹 紫金丹과

玉屑 金屑 眞珠屑과 銀箔 金箔 琥珀屑과

閩薑 橘餠 金箋餠과 鹿茸膏 瓊玉膏와

嘗百草 濟萬民은 炎帝氏 功德일세,

物重地大 壯할시고 帝王의 都邑일다.

– 출처: 『한양가』

● 염전국(染靛局)

염전국(染靛局)은 여러 곳에 있다. 문밖의 벽에 청대꽃[靛花]으로 손바닥 자국을 박아서 표시했다.[6] 정유 박제가의 「성시전도시」에 나오는 "…알기 쉽고 잊어버리기 어려운 염전국은 벽에 가득히 청대꽃으로 손바닥을 박아두었네" 라는 글귀가 이것이다.[7]

● 서사(書肆)·서화사(書畫肆)

중종 13년(1518)에 중국의 예를 따라서 책 파는 집[書肆]을 도성 안에 설치하고, 소격서(昭格署)에서 쓰던 놋그릇과 폐사(廢寺)의 종을 이용하여 공사(公私)를 불구하고 활자를 주조하여 책을 찍어내었으니, 심히 장한 일이었다. 그러나 성안에 큰 서사가 없었다는 점 한 가지는 실로 흠이 되는 것이었다.[8]

서적포(書籍舖)는 정도전의 서문에 있다. 생각건대, 개국 초에 점포를 열고자 했지만 이루지 못하고 그만둔 것 같다. 책사(冊肆)는 정릉동 골목 어귀에도 있고, 육조 앞에도 있다. 사서삼경(四書三經)과 백가(百家)의 여러 가지 책을 판다. 서화사(書畫肆)는 대광통교(大廣通橋)의 서남쪽 천변(川邊)에 있다. 여러 가지 글씨와 그림을 판다.[9]

광통교아리가기 각싀그림걸녀구나
보기조흔병풍츠의 빅즈도요지연과
곽분양힝락도며 강남금능경직도며
한가한소상팔경 산슈도긔이ᄒ다
다락벽계견ᄉ호 장지문어약룡문
힉학반도십장셩과 벽장문츠민죽난초
횡츅을볼작시면 구운몽셩진이가
팔션녀희롱ᄒ여 투화셩쥬ᄒ는모냥
쥬나라강틱공이 궁팔십노옹으로
ᄉ립을슉여쓰고 고든낙시물의너코
씨오기만기달일졔 쥬문왕착ᄒ인군
어진ᄉ롬어드려고 손조와셔보는거동
한나라상산ᄒ호 갈건야복도인모냥
네늘근이바독둘졔 졔셰안민경영일다
남양의졔갈공명 초당의잠을겨워
형익도거려노코 평셩을아ᄌ지라
한소렬유황슉이 슴고초려ᄒ는모냥

진처수도연명은 오두미마다ㅎ고
평택령하직ㅎ고 무고송이반한이라
당학수리티빅은 쥬수청루취ㅎ여셔
쳔주호리불상션을 력력히그려스며
문의붓칠신장들과 모디흔문비들을
진치며여그려스니 화려ㅎ기칭양업다

廣通橋 아래 가게 各色 그림 걸렸구나.
보기 좋은 屛風次에 百子圖 瑤池宴과
郭汾陽 行樂圖며, 江南 金陵 耕織圖며,
閑暇한 瀟湘八景 山水도 奇異하다.
다락壁 鷄犬獅虎, 장지門 魚躍龍門,
海鶴 蟠桃 十長生과 壁欌門次 梅竹蘭菊,
橫軸을 볼작시면 九雲夢 性眞이가
八仙女 戲弄하여 投花成珠 하는 貌樣,
周나라 姜太公이 窮八十 老翁으로
絲笠을 숙여 쓰고 곧은 낚시 물에 넣고
때 오기만 기다릴 제, 周文王 착한 임금
어진 사람 얻으려고 손수 와서 보는 擧動,
漢나라 商山四皓 葛巾野服 道人 貌樣,
네 늙은이 바둑 둘 제 濟世安民 經營일다.
南陽의 諸葛孔明 草堂에 잠을 겨워

荊益圖 걸어 놓고 平生을 我自知라,

漢昭烈 劉皇叔이 三顧草廬 하는 모양.

晉處士 陶淵明은 五斗米 마다 하고

彭澤令 下直하고 撫孤松而 盤桓이라.

唐學士 李太白은 酒肆靑樓 醉하여서

天子呼來 不上船을 歷歷히 그렸으며,

門에 붙일 神將들과 帽帶한 門神들을

眞彩 먹여 그렸으니 華麗하기 測量없다.

– 출처: 『한양가』

● **금교세가(金轎貰家)**

금교세가(金轎貰家)는 여러 곳에 있다. 종친 및 공주·옹주의 옛집을 세주
는 것으로서, 혼인하는 신부의 집으로 쓴다.[10]

● **향도(香徒)**

상여꾼[香徒]의 도가(都家)는 소광통교(小廣通橋) 남쪽에도 있고, 또 수표
교 남쪽 천변의 동쪽에도 있으며, 또 여러 곳에 흩어져 있다.[11]

부록 2

18~19세기 자료의
시전 목록

● 『동국문헌비고(東國文獻備考)』(1770)

　　　京城市廛

有分各廛　以各廛中稍實者量定分數以應國役稱有分各廛自十分至一分凡三十七廛每

當國役十分廛應十分一分廛應一分闕內外諸上司各處修理塗褙軍亦依此出役

　　　　　　　縇廛　賣匹緞俗稱立廛應國役十分

　　　　　　綿布廛　兼賣銀子或稱銀木廛應國役九分

　　　　　　綿紬廛　應國役八分

內魚物廛靑布廛　內魚物廛　應國役五分

　　　　　　　　　靑布廛　賣帽子應國役三分　合八分

　　　　　　　紙廛　應國役七分

　　　　　苧布廛　應國役六分　以上六廛稱六注比廛乃各廛中最大廛

　　　　　　　布廛　應國役五分

　　　　　煙草廛　應國役五分

　　　　外魚物廛　應國役四分

　　　　　　床廛　十三處　賣馬尾皮物燭蜜鄕絲等雜物

　　　　　　　　望門床廛　應國役三分

　　　　　　　　新床廛

　　　　　　　　妙床廛　各應國役二分

　　　　　　　　東床廛

　　　　　　　　壽進床廛　各應國役一分

　　　　　　　　布床廛

　　　　　　　　鐵床廛

　　　　　　　　筆床廛

南門床廛

鹽床廛

貞陵洞床廛

九里峴床廛

紙床廛　並無分俗稱箱賞利廛

生鮮廛　應國役三分

米廛　五處

上下米廛　各應國役三分

門外米廛　應國役二分

西江米廛

麻浦米廛　並無分

雜穀廛　應國役三分

鍮器廛　應國役二分

銀廛　應國役二分

衣廛　應國役二分

綿子廛　應國役二分

履廛　應國役二分

樺皮廛　賣各樣彩色等物應國役一分

茵席廛　應國役一分

眞絲廛　應國役一分

淸蜜廛　應國役一分

京鹽廛　應國役一分

髢髻廛　應國役一分

內長木廛　應國役一分

鐵物廛　應國役一分

煙竹廛　應國役一分

匙箸廛　二處　內外各應國役一分

牛廛　應國役一分

馬廛　應國役一分　以上四十一廛內十廛無分餘三十一廛並上六注比廛爲

三十七廛

無分各廛

外長木廛

茉蔬廛

毛廛　賣實果　六處

松峴毛廛

貞陵洞毛廛

門外毛廛

上毛廛

下毛廛

典毛廛

惠政橋雜廛

貰物廛

涼臺廛

雜鐵廛

鹽廛

白糖廛

鷄兒廛

卜馬諸具廛

內貰器廛

繩鞋廛

上下木器廛

鐙廛

白笠廛

草笠廛

黑笠廛

外貰器廛

佐飯廛　四處

　　　生鮮佐飯廛

　　　上米佐飯廛

　　　內魚物佐飯廛

　　　外魚物佐飯廛

針子廛

粉廛　二處　內外各一

簇頭里廛　賣婦女首飾

生雉廛

網巾廛

內氈笠廛

外氈笠廛

藁草廛

履底廛

龍山柴木廛

猪廛

笆子廛

麻浦鹽廛

蛤灰廛

箭簇廛

刀子廛

鹽水廛

種子廛

南門外醢廛

此外小小各廛名色甚煩不爲盡錄

廛案所無稀用之物當國用自平市署分定貿納於六注比廛價本之落本無分各廛分排添價

● 『탁지지(度支志)』(1788)

　　　　各廛數目　平市署所管署在中部堅平坊掌平斗斛丈尺低昂物貨等事

　　　　有分各廛

　　　　　各廛中稍實者量定分數以應國役稱有分各廛自十分至一分凡三十七廛每當國

役十分廛應十分一分廛應一分闕內外諸上司各處修理塗褙軍亦依此出役

　　　　立廛　賣正紬俗稱立廛國役十分

　　　綿布廛　兼賣銀子或稱銀木廛九分

　　　綿紬廛　八分

　內魚物廛　靑布廛　賣帽子

　　　　　　內魚物廛　五分

　　　　　　靑布廛　三分　合八分

　　　紙廛　七分

　　苧布廛　六分　以上六廛各廛中最大廛稱六注比廛

　　　布廛　煙草廛　各五分

　外魚物廛　四分

　　　床廛　十三處　賣馬尾皮物　燭蜜鄕絲等雜物

　　　　　　望門床廛　三分

　　　　　　新床廛

　　　　　　妙床廛　各二分

　　　　　　東床廛

　　　　　　壽進床廛　各一分

　　　　　　布床廛

　　　　　　鐵床廛

304

筆床廛

南門床廛

塩床廛

貞陵洞床廛

九里峴床廛

紙床廛　并無分俗稱箱貨利廛

生鮮廛

雜穀廛

綿子廛　各三分

　米廛　五處

　　上下米廛　各三分

　　門外米廛　二分

　　西江米廛

　　麻浦米廛　並無分

鍮器廛

　銀廛

　衣廛

　履廛　各二分

樺皮廛　賣各樣彩色等物一分

茵席廛

眞絲廛

淸蜜廛

京塩廛

髢髻廛

內長木廛

鐵物廛

煙竹廛

匙箸廛　二處

牛廛

馬廛　各一分　以上四十一廛內十廛無分餘三十一廛並上六注比廛爲三十七廛

無分各廛

外長木廛

蔬菜廛

毛廛　六處　賣實果

松峴毛廛

貞陵洞毛廛

門外毛廛

上毛廛

下毛廛

典毛廛

惠政橋雜廛

貰物廛

涼臺廛

雜鐵廛

白糖廛

鷄兒廛

卜馬諸具廛

內貰器廛

繩鞋廛

上下木器廛

鐙子廛

白笠廛

草笠廛

黑笠廛

外貰器廛

佐飯廛　四處

　　　　生鮮佐飯廛

　　　　上米佐飯廛

　　　　魚物佐飯廛

　　　　內外魚物佐飯廛

針子廛　二處　內外各一

簇頭里廛　賣婦女首飾

生雉廛

網巾廛

內耟笠廛

藁草廛

履底廛

箭簇廛

刀子廛

笆子廛

種子廛

塩水廛

蛤灰廛

南門外塩廛

麻浦塩廛

龍山柴木廛

此外小小各廛名色甚煩不爲盡錄

廛案所無之物若當國用則自平市署分定貿納於六注比廛價錢之落本無分各廛分排添價

●『만기요람(萬機要覽)』(1807)

有分各廛

各廛中稍實者量定分數以應國役自十分至一分凡三十七廛每當國役十分廛應十分一

廛應一分闕內外諸上司各處修理塗褙縫造軍亦依此出役

線廛　賣匹緞俗稱立廛十分役

綿布廛　兼賣銀子或稱銀木廛九分役

綿紬廛　八分役

紙廛　七分役

苧布廛布廛

苧布廛　六分役

布廛　五分役　合十一分役

內外魚物廛　內魚物廛　五分役

外魚物廛　四分役　九分役

靑布廛　賣帽子三分役

煙草廛　五分役

床廛　十二[十三]處　賣馬尾[馬毛]皮物燭蜜鄕絲等雜物

望門床廛　三分役

新床廛　二分役

東床廛

壽進床廛　各一分役

布床廛

鐵床廛

筆床廛

南門床廛

塩床廛

貞陵洞床廛

銅峴床廛

紙床廛　並無分役俗稱箱貰利廛

米廛　五處

上下米廛　各三分役

門外米廛　二分役

西江米廛

麻浦米廛　並無分役

雜穀廛

生鮮廛　各三分役

鍮器廛

銀麯廛[銀麵廛]

衣廛

綿子廛

履廛　各二分役

樺皮廛　賣各樣彩色等物

茵席廛

眞絲廛

清蜜廛

京鹽廛

髢髻廛

內長木廛

鐵物廛

烟竹廛

內外匙箸廛

牛廛

馬廛　各一分役

無分各廛

外長木廛

茱蔬廛

隅廛　六處　賣宗果

松峴隅廛[松筧隅廛]

貞陵洞隅廛[貞洞隅廛]

門外隅廛

上隅廛

下隅廛

典隅廛

惠政橋雜廛

貫物廛

凉臺廛

雜鐵廛

塩廛

白糖廛

鷄兒廛

卜馬諸具廛

內外貫器廛

繩鞋廛

上下木器廛

鐙廛

白笠廛

草笠廛

黑笠廛

佐飯廛　　四處

　　　　　生鮮佐飯廛

　　　　　上米佐飯廛

　　　　　內魚物佐飯廛

　　　　　外魚物佐飯廛

針子廛

內外粉廛

簇頭里廛　　賣婦人首飾

生雉廛

網巾廛

內外躔笠廛

藁草廛

履底廛

龍山柴木廛

猪廛

笆子廛

麻浦塩廛[麻布塩廛]

蛤灰廛

箭鏃廛[箭簇廛]

刀子廛

塩水廛

種子廛

南門外醢廛[南門外塩廛]

此外小小各廛名色甚煩不爲盡錄

廛案所無稀用之物自平市署分定貿納於六注比廛價本之落本者無分各廛分排添價

市廛

城內之鍾樓梨峴及南大門外七牌八牌是爲大市而鍾樓兩傍列建長廊市人居之大者有六
曰

綿廛　亦稱立廛　謂長立而賣物也　賣中國錦緞　十分役

綿紬廛　賣土産綿紬　八分役

綿布廛　俗稱白木廛　賣土産綿布　九分役

布廛　賣土産麻布　五分役

苧布廛　賣苧布及黃苧布　六分役

靑布廛　賣中國三升布及羊帽子　三分役

廛廛　賣各名色紙　七分役

內外魚物廛　賣各種乾魚　四分役外廛在西小門外　以上各廛并在鍾街亦稱六矣廛
矣俗號注非

烟草廛　俗稱切草廛賣西草及各品烟草　五分役

床廛　凡十三處賣皮物馬尾黃蠟鄕絲及書冊休咎等雜物布列於床上故謂之床廛
針子則獨於東床廛貨賣

禁府望門前床廛　三分役

新床廛　二分役

東床廛及壽進坊床廛　一分役

布廛前床廛

鐵物橋床廛

筆洞床廛

南大門床廛

塩廛

屛門床廛

貞洞床廛

銅峴床廛　幷無分役

米廛　凡五處賣各穀

上下米廛　各三分役

門外米廛　二分役

西江及麻浦米廛　幷無分役

雜穀廛　賣雜穀在鐵物橋西　三分役

生鮮廛　賣各種魚鮮在鍾樓西　三分役

鍮器廛　賣鍮鑄器皿在魚物廛後　二分役

衣廛　賣各衣服在鍾樓　二分役

鞋廛　賣各色皮鞋在各處而油釘鞋獨賣於鍾樓廛　二分役

綿花廛　賣去核之木綿在廣通橋傍　二分役

銀麯廛　賣造酒之麯色白故稱銀麯在笠廛屛門　二分役

樺皮廛　賣各種彩色及中國果實而物貨裹於樺皮故稱以樺皮廛在鍾街東　一分役

眞絲廛　賣各色唐鄕絲及纓帶組紃之屬在禁府傍　一分役

茵席廛　賣龍鬚席案息等物在壽進坊　一分役

髢髻廛　俗稱月子廛月子者方言髢也賣婦人首飾髮髻內廛在廣通橋外廛在西小門

外　一分役

清蜜廛　賣蜂蜜俗呼蜜曰清在梨峴　一分役

京鹽廛　賣西海煮鹽近於京師故謂之京塩在梨峴　一分役

內長木廛　賣屋材又有外廛在城外各處　一分役

烟竹廛　賣各色烟竹與煙盃在各處　一分役

匙箸廛　賣鍮匙箸內廛在鍾街外廛在西小門外　一分役

鐵物廛　賣各樣鐵物在各處　一分役

馬廛　賣馬匹只是駑駘而無駿驄在東大門內　一分役

案以上各廛皆屬於平市署量定分數以應國役自十分至一分凡三十七廛每當國役時十分廛應十分役一分廛應一分役闕內諸上司各處修理塗褙及縫造軍依分數出役

又案國初開市于景福宮之神武門外以道前朝後市之封而地偏故未行云今之緞紬紙布大廛皆在鍾街兩傍而趁市者晨集于梨峴及昭義門外午集于鍾街而以東部柒七牌魚爲一城所需又南村善釀酒北村善爲餅故每稱曰南酒北餅

　　果廛　俗稱隅廛以其初設於要路隅仍呼爲隅廛矣賣各種果實大廛凡爲六處　松峴貞洞典洞及門外上下也

京都雜志曰

梨之佳者曰秋香自海西之黃州鳳山等地而至

柿名月華小圓則産於畿內之南陽安山地

橘榴俱南産而京城盆養石榴亦盛

桃之不毛其曰僧桃有毛而絶大早熟紅美曰六月桃

鬱陵島中多大桃取核而種之曰鬱陵桃

　　菜蔬廛　賣各種蔬菜在鍾樓及七牌而以東門外往十里箭串坪之蘿菖東大門內訓鍊院田菘菜南大外門靑坡芹爲第一

外長木廛　賣大小屋材在城外

貰物廛　貰給婚喪諸具及器用而每件價不過十錢在於各處

316

雜廛　賣雨傘篇箔脂炬等雜物在惠政橋傍

凉臺廛　賣造笠之竹凉臺在西小門外凉臺以統營織竹最細爲上品又有新郞所着黃草笠廛在於鍾樓傍

氈笠廛　賣牛毛氈笠而內廛則在於有廛橋外廛則在敦義門外

網巾廛　賣裹頭之驄結綱巾其廛人朝則在西小門外午則在鍾樓傍

刀子廛　亦稱方物廛賣小粧刀及煙盒婦人佩飾金銀指環首釵等物市人多露坐於鍾街上

粉廛　賣肢粉女賈所賣內廛則在鍾街外廛在西小門外

雜鐵廛　賣各色鐵物在於各處

漆木器廛　賣各樣漆木器及樻櫃亦稱樻廛樻者中國所謂竪櫃也樻必有三四層以紋木製或以色紙塗在於廣通橋又有木器廛賣木盤杻籠箕簀等物一在六曹前一在梨峴謂之上下廛

磁器廛　賣磁器而在鍾街及南大門外又有貰器廛貰給宴需所用盤器在鍾街

鐙廛　卽馬床廛也賣馬鞍諸具在廣通橋

鞋底廛　俗名昌廛賣牛皮鞋底在笠廛洞

繩鞋廛　賣生熟麻鞋及稿草鞋在於各處

箭鏃廛　賣各樣箭鏃在東大門內

懸房　賣牛肉之屠肆也懸肉以賣故稱懸房城內外凡二十三處并使泮民販業資生納稅肉以繼太學生食養需

生雉廛　及乾雉在於生鮮廛屛門

鷄廛　在廣通橋而鷄卵廛亦在其傍

猪肉廛　在於各處而大祥以此廛人爲方相氏

白糖廛　賣飴糖在於各處而兒童亦荷盤行賣

佐飯廛　賣醢魚塩醢等饌物在於各處

種子廛　賣各蔬菜種子在於各處

醯廛　賣醯在南大門外

藁草廛　賣盖屋之藁草及籬笆子

草物廛　賣麻葛繩管蒯之屬在西小門外又有荊杷廛

案以上各廛幷無分定之國役

而賣藥之局皆在銅峴列於左右其散在各處者門傍必書付神農遺業萬病回春之號窓臨街

路必垂蘆箔又染靛局則諸處有之門外壁上以靛花搨掌痕爲表故朴貞蕤城市全圖詩有葦

篇中人頗似閑坐秭川芎與白芷易知難妄染靛局滿壁靛花搨掌指之句是也

中宗朝十三年依中朝例設書肆于城中以昭格署鍮器及廢寺鍾不拘公私鑄字印書甚盛典

而城內但無大書肆實爲欠典

又京用柴薪則京江上下流柴商船運以置於江干則京居民日往負來贏利資生又近圻民則

牛輪馬載入城以賣一駄柴價不出百錢內外耳

●『대동지지(大東地志)』(1863)

市廛

三大市　卽鍾街梨峴南門也

定宗元年始置市廛自惠政橋至昌德宮洞口左右行廊八百餘間聚外方僧徒給糧役之仍使
開川都監

宣祖壬辰後令訓局軍兵京居爲市業者全減市役

孝宗朝令軍兵市業之人成給市牌使應市役五分之一

英宗十七年令京兆區別廛名嚴禁亂廛與都賈

線廛

綿布

綿紬

靑布

苧布

紙廛

魚物　內外

布廛

烟草

床廛　十三

生鮮

米廛　六處

雜穀

鍮器

銀廛

綿子

衣廛

履廛

樺皮

茵席

眞絲

淸蜜

京鹽

長木　內外

鐵物

烟竹

銀麴

匙箸　內外

馬廛

菜蔬

毛廛　六處

簀物

涼簟

雜鐵

鹽廛

雉雞

簀器　內外

繩鞋

木器　上下

鐙廛

黑笠

白笠

草笠

佐飯　四處

網巾

氈笠　二處

藁草

履底

柴木

笆子

猪廛

箭鏃

刀子

鹽水

種子

髢髻

雜物

白糖

卜馬諸具

破木器

針子

粉廛　內外

簇頭里

麻浦鹽

南門外鹽

● 『육전조례(六典條例)』(1864)

各廛

　　　線廛　十分役

　　綿布廛　九分役

　　綿紬廛　八分役

　　　紙廛　七分役

　　苧布廛布廛

　　　　　苧布廛　六分役

　　　　　布廛　五分役　合十一分役

內外魚物廛　內魚物廛　五分役

　　　　　外魚物廛　四分役　合九分役

　　青布廛

　　烟草廛　各三分役

　　床廛　十二處

　　　　望門床廛

　　　　新床廛

　　　　東床廛　各二分役

　　　　壽進床廛　一分役

　　　　布床廛

　　　　鐵床廛

　　　　筆床廛

　　　　南門床廛

　　　　鹽床廛

　　　　貞陵洞床廛

　　　　銅峴床廛

　　　　紙床廛　並無分役

　　米廛　五處

　　　　上下米廛

　　　　門外米廛　各三分役

　　　　西江米廛

　　　　麻浦米廛　並無分役

　雜穀廛

　生鮮廛　各三分役

　鉢里廛

　銀麵廛

　　衣廛

　綿子廛

　　履廛

　廟床廛　各二分役

　樺皮廛

　茵席廛

　眞絲廛

　淸蜜廛

　京鹽廛

　髢髻廛

內長木廛

　鐵物廛

烟竹廛

內外匙箸廛

牛廛

馬廛

繩鞋廛

雉鷄廛　各一分役

外長木廛

茱蔬廛

隅廛　六處

　　　　上下隅廛

　　　　典洞隅廛

　　　　松峴隅廛

　　　　貞陵洞隅廛

　　　　門外隅廛

惠政橋雜廛

貰物廛

涼臺廛

雜鐵廛

白糖廛

卜馬床廛

內外貰器廛

上下木器廛

鐙廛

草笠廛

內外黑笠廛

上米佐飯廛

簇頭里廛

網巾廛

內外𧤦笠廛

藁草廛

昌廛

猪廛

麻浦鹽醢廛

箭鏃廛

刀子廛

種子廛

草物廛

轎子廛

條里木廛

艮水廛

露梁雜物廛　以上並無分役

廛中稍實者量定分數自十分至一分以應國役闕內外諸上司各處修理塗褙縫造軍亦依此

出役

廛案所無稀用之物分定貿納於六注比廛價本之落本者無分各廛分排添價

市街雲從街　卽鐘樓西街俗稱生鮮廛

　　　　　　英宗庚辰復國初舊名改以雲從街

市廛　定宗元年始置市廛左右行廊八百餘間自惠政橋至昌德宮洞口

有分各廛　以各廛中稍實者量定分數以應國役稱有分各廛自十分至一分凡三十七廛每

當國役十分廛應十分役一分廛應一分役闕內外諸上司各處修理塗褙縫造軍亦依此出役

　　緜廛　在典醫監洞口東西卽鐘樓路北凡四十二房賣中國匹緞綃絹等物

　　　　　立市之初先立緜廛俗稱立廛應國役十分

　綿布廛　在鐘樓路西兼賣銀子或稱銀木廛又白木廛應役九分

　綿紬廛　在綿布廛後典獄署前賣東產綿紬應役八分

內魚物廛　在里門東西賣各種乾魚應役五分

外魚物廛　在昭義門外應役四分與內廛合九分役

　　紙廛　東廛在布廛南西廛在綿布廛南應役七分

　苧布廛　在眞絲廛東賣苧布黃苧布應役六分

　　布廛　在綿布廛越邊應役五分與苧布廛合十一分役　　自緜廛至此六廛稱六矣廛

俗稱六注比廛乃各廛中最大廛　古則緜廛綿布廛綿紬廛紙廛苧布廛及內外魚物廛靑布

廛合分爲六矣廛今改以緜廛綿布廛綿紬廛內外魚物廛內廛合分紙廛苧布廛布廛苧布合

分是爲六矣廛而六矣廛外勿禁亂廛

　靑布廛　在鐘樓東賣中國三升布及羊毛帽子應役三分

　烟草廛　都家在河良橋南應役五分

　　床廛　物種布列於床上故俗稱箱貨利廛賣馬尾皮物燭蜜鄕絲書卷休紙等雜物凡

十三處

望門床廛　在義禁府前應役三分

新床廛　在安國坊

廟床廛　各應役二分

東床廛　在鐘樓南

壽進床廛　各應役一分

布床廛

鐵床廛

筆床廛

南門床廛

塩床廛　在履廛東

貞陵洞床廛

銅峴床廛

紙床廛　並無分

生鮮廛　在生鮮廛屏門東南賣各種魚鮮應役三分

米廛　賣各穀凡五處

上下米廛　上廛在義禁府西下廛在梨峴各應役三分

門外米廛　在昭義門外應役二分

西江米廛

麻浦米廛　並無分

雜穀廛　在鐵物橋西邊南北應役三分　南門內米廛都家在水閣橋西一朔納稅四十

兩于雜穀廛

鍮器廛　一稱鉢里廛在內魚物廛西行廊後賣各樣鍮鑄器皿

銀麪廛　在典醫監洞口東邊

衣廛　在雜穀廛西賣男女所着衣服

綿子廛　在廣通橋北邊東西一稱綿花廛賣去核之木綿

履廛　在靑布廛東賣各色皮鞋以上五廛應役五分　廛在各處而鍾樓廛獨賣油釘
鞋

樺皮廛　在東床廛東賣各樣彩色及中國果實而物貨裹之於樺皮故稱名

茵席廛　在壽進洞口西賣龍鬚席案息等物

眞絲廛　在義禁府門外東賣各色唐鄕絲及纓帶縧紃等物

淸蜜廛　都家在下避馬屛門東邊

京塩廛　在崇禮門外賣西海煮塩

髢髻廛　在柒木廛南俗稱月乃廛賣婦人首飾髮髻

內長木廛　在各處賣屋材

鐵物廛　在各處賣各色鐵物

烟竹廛　都家二一在軍器寺前一在藥峴賣各色染成之吸烟竹及烟盃　以上九廛並
應役一分

匙箸廛　凡內外二處內廛在塩炭廛東外廛在昭義門外各應役一分

牛廛

馬廛　兩廛俱在太平橋南岸各應役一分　以上四十一廛內十廛無分餘三十一廛
並上六注比廛爲三十七廛

無分各廛

外長木廛　在城外

茱蔬廛　一在鍾樓一在梨峴

毛廛　俗稱隅廛初設于路隅故因冒其名賣土産果實凡六處

松峴毛廛

貞陵洞毛廛

門外毛廛

上毛廛

下毛廛

典醫監洞毛廛

惠政橋雜廛　每雨傘蘆簾龍脂中炬等屬

　賈物廛　在各處都家在惠政橋南賈婚喪諸具

　凉臺廛　在敦義門外

　雜鐵廛　在各處

　　塩廛　在崇禮門外又在麻浦

　白糖廛　在各處

　佐飯廛　卽飯饌廛賣塩魚及醢醯之屬凡四處

　　　生鮮佐飯廛

　　　上米佐飯廛

　　　內魚物佐飯廛

　　　外魚物佐飯廛

　　鷄廛　在廣通橋

　生雉廛　在生鮮廛屛門賣乾雉

　鷄卵廛　在生雉廛傍

　　猪廛　在各處　凡大喪例以猪廛人爲方相氏

卜馬諸具廛　在鐘樓賣木鞍馬韉鞦韁鞭鞗等物

　賈器廛　賈給宴需所用磁器及紅柒盤在熟手都家

　繩鞵廛　賣生熟麻鞋在各處都家在義禁府門外東

上下木器廛　上廛在六曹前下廛在梨峴賣木盤及杻籠疎杻籠箕簠等物

柒木器廛　賣各樣木器及欌故亦稱欌廛有紋木欌紙欌房欌等屬在各處中孝經橋今最多

鐙廛　　卽馬床廛在廣通橋傍一稱紙床廛在紙廛前賣馬鞍

白笠廛

黑笠廛　　兩廛都家在於義洞屛門

磁器廛　　賣鄕唐各色甕器在鍾樓及崇禮門外

針子廛　　賣銀針及大小常針

粉廛　　　凡二處內外各二又在各處賣粉臙脂色絲稱方物廛或女商行賣坐賣

簇頭里廛　在鍾樓賣婦人首飾

網巾廛　　一在鍾樓一在昭義門外

內氈笠廛　在馬廛橋

外氈笠廛　在敦義門外

破笠廛　　在各處都家在於義洞

藁草廛　　賣盖草及籬笆子在崇禮興仁兩門外

草物廛　　在昭義門外賣生熟麻葛繩菅荷之屬

竹物廛　　在崇禮門外賣各樣大小竹物

履底廛　　一稱昌廛在笠廛洞賣牛皮鞋底

柴木廛　　在龍山江邊

笆子廛　　在城外

蛤灰廛　　在梨峴下又在六曹前

箭鏃廛　　在二橋南川邊

刀子廛　　在鍾樓街上露坐賣粧刀銀釵及婦人佩飾金銀指環烟盃

塩水廛

種子廛　　在各處賣菜蔬藍茳諸種子

轎子廛　　在會賢坊洞口賣各樣轎子

荊杷廛　　在城外賣樵夫所用葛叱其葛叱其者荊杷也　　此外小小各廛各色甚煩不

得盡錄塵條所無稀有之物自平市署分定貿納於六矣塵　各塵市民中有跟着勤幹人差定

一二所監考每年使行時歲幣生土木一二所監考處各二同四十匹式受價進排矣後與金契

貢人以徭役受價運置歲幣一百二十五駄於平山府

舖肆

　　書籍舖　有鄭道傳序　按國初欲爲開舖而未果置

　　　册肆　在貞陵洞屛門又在六曹前賣四書三經百家諸書

　　書畫肆　在大廣通橋西南川邊賣各樣書畫

　金轎貰家　在各處宗親及公翁主舊第貰給爲婚姻新婦家用

　　　藥局　在銅峴左右街上又散在各洞又有訓禁御三營藥房賣唐常藥材及貼藥

懸房

懸房屠牛賣肉之所泮人主其販賣懸肉以賣故稱之以懸房

　中部　凡五處　河良橋　履塵　承內洞　鄕校洞　水標橋

　東部　三處　廣禮橋　二橋　往十里

　南部　四處　廣通橋　苧塵洞　好賢洞　義禁府

　西部　七處　太平舘　西門外　貞陵洞　虛屛門　冶鑄峴　六曹前　麻浦

　北部　三處　議政府　壽進坊洞　安國坊洞

五部合二十三懸房

附香徒　在小廣通橋南又在水標橋南川邊東又散在各處

주석

참고문헌

해제

1 국역을 얼마나 부담하는지를 나타내는 푼수가 규정된 시전은 유푼전, 그렇지 않은 시전은 무푼전이라 하였다. 각각의 목록은 이 책의 부록 2에서 확인할 수 있다.

01
문외신상전門外新床廛

1 『시폐』제3권을 보면, 내분전(內粉廛) 및 침자전(針子廛)에서 보루각에 세옥주(細玉珠)를 진배(進排)하는 문제를 호소하고 있다.
2 "掌句檢市廛平斗斛丈尺低昂物貨等事", 『경국대전』.
3 공안(貢案)의 경우에는, 관상감의 『운관공안절목(雲觀貢案節目)』이나 봉상시의 『공물정안(貢物定案)』 등 일부 자료가 현존한다.

02
혜전鞋廛

1 『임원경제지(林園經濟志)』의 「섬용지(贍用志)」나 『오주연문장전산고(五洲衍文長箋散稿)』의 「의복재봉변증설(衣服裁縫辨證說)」 등에서 신발의 종류 및 어휘에 관한 정보를 얻을 수 있다.
2 출패(出牌)란 금란 사령(禁亂使令)에게 금란패(禁亂牌)를 내주어 금란(禁亂)하게 한 것을 가리킨다(『한국고전용어사전』).
3 "都下根本之民一則市民一則貢人", 『영조실록(英祖實錄)』 1768년 12월 18일자.

03
은전전銀錢廛

1 『시폐』에는 문외국자전(門外麴子廛)이 있지만 이후 어느 시점에 파시(罷市)된 것으로 추정된다.

04
면화전綿花廛

1 속전에 대한 자세한 논의는 조윤선(2003)을 참조하라.

10
우전牛廛

1 "掌輿馬廐牧", 『경국대전』.

2 "掌養犧牲", 『경국대전』.

3 "掌飼雜畜", 『경국대전』.

4 "上御晝講以節候差早春耕不遠 命停內局及耆社封進酪粥其牸牛亦令并犢卽放又 敎曰國依
於民民依於農而農之最緊者牛也仍誦蔣冕老牛詩曰爲人終身勤勞而人則莫知其勞而屠宰是
果仁術歟曾聞一故相以禁宰牛不食其肉而昔則諸臣宣醞不設牛肉予之禁內班院歲屠及每春
入直軍犒饋例屠四牛而近皆除之亦此意也遂有是 命", 『영조실록』 1770년 1월 25일자.

11
동상전東床廛

1 '수조지물'에 대한 조치를 해줄 것을 명백히 표현한 내용은 흑립전 항목에 보인다.

2 국가가 부과한 조세가 아니므로, 푼세를 영업세 또는 유통세로 파악하는 것(고동
환 2002: 82)은 논란의 여지가 있다.

12
묘상전妙床廛

1 "巨達 司僕寺牽馬夫也", 『진람(震覽)』.

13
내시조전內匙召廛

1 염탄전에 대해서는 상세한 정보를 찾기 어렵다.

17
내장목전內長木廛

1 영조 25년(1749)에 외선공감공인(外繕工監貢人)을 혁파한 것을 가리킨다(오성 1989: 65).
2 "掌土木營繕", 『경국대전』.
3 색(色)은 '빗'이라고 읽으며, 담당부서를 가리킨다.
4 "掌進獻布物人蔘賜與衣服及紗羅綾段布貨綵色入染織造等事", 『경국대전』.

19
내세기전內貰器廛

1 사기전 상인 외에도 중도위나 사기계 공인 등에 의해 사기의 유통이 이루어졌다 (방병선 2009: 47~48).

24
상하목기전上下木器廛

1 "樻者中國所謂竪櫃也樻必有三四層以紋木製或以色紙塗", 『한경지략』.

26
염상전塩床廛

1 『한경지략』에서는 염전(塩廛)이라 하였으나, 이는 오기(誤記)로 추정된다.
2 풍로(風爐)는 풀무[風箱]와 야로(冶爐)를 가리킨다(유승주 1993: 312).

3 "每當治裝之時別賃村屋以庀其事名之曰乾糧廳", 『경세유표(經世遺表)』.
4 "京畿忠淸慶尙全羅江原咸鏡六道監兵營以下列邑各自分納於三使臣乾粮廳", 『만기요람』.

35

거전 炬廛

1 여기서 산자(散子)는 산자(橵子)와 같다. 산자는 지붕 서까래 위나 고미 위에 흙을 받쳐 기와를 이기 위하여 가는 나무오리나 싸리나무 따위로 엮은 것 또는 그런 재료를 가리킨다(『표준국어대사전』).

36

창전 昌廛

1 우방전(牛肪廛)은 「산대별단」에서, 골회(骨灰)는 『공폐』에서 확인되며, 나머지는 송찬식(1997), 최은정(1997), 조영준(2009) 등을 참조하라.
2 "懸房 宰牛賣買之房懸肉待買者故曰懸房", 『진람』.
3 "懸房　賣牛肉之屠肆也懸肉以賣故稱懸房城內外凡二十三處幷使沴民販業資生納稅肉以繼太學生食養需", 『한경지략』.

38

육우전여인 六隅廛女人

1 "京都雜志曰梨之佳者曰秋香白海西之黃州鳳山等地而至柿名月華小圓則産於畿內之南陽安山地橘榴俱南産而京城盆養石榴亦盛桃之不毛其曰僧桃有毛而絶大早熟紅美曰六月桃鬱陵島中多大桃取核而種之曰鬱陵桃", 『한경지략』.

39
채소전여인菜蔬廛女人

1 "以東門外往十里箭串坪之蘿葍, 東大門內訓鍊院田菘荣, 南大外門靑坡芹, 爲第一", 『한경
지략』.

42
문내좌반전여인門內佐飯廛女人

1 상전(床廛)의 명칭과 관련하여 문외신상전 항목에서 설명한 바를 참조하라.

45
마포염전麻浦塩廛

1 염전, 남문외염전, 용산염전이 사실상 같은 곳이었을 가능성에 대해서는 용산염전
항목에서 따로 설명한다.

46
서강시목전西江柴木廛

1 "京用柴薪則京江上下流柴商船運以置於江干則京居民日往負來贏利資生又近圻民則牛輪馬
載入城以賣一馱柴價不出百錢內外耳", 『한경지략』. 100전은 1냥(兩)이다.

47

서빙고시목전西氷庫柴木廛

1 자세한 사항이 축롱전 항목에서 다시 설명되고 있다.

48

용산염전龍山塩廛

1 "봉수군이 작폐하는 일은 이미 마포시전에게 논하였"다고 했지만, 실은 마포시전
   이 아닌 서강시목전 항목에서 논의되었다.
2 하지만 조선초기에 창설된 염전(용산염전)은 쇠락하여 무푼전으로 남게 되었고,
   새로 생긴 경염전이 1푼의 국역을 담당하는 유푼전으로 성장해 있었다.
3 김의환(2001: 64)의 설명대로라면 내염전과 용산염전을 아우르는 것이며, 남문외
   염전 역시 포함될 것이다.

49

두모포시목전豆毛浦柴木廛

1 봉수군이 시선을 칭탁하여 시목을 거둔 사정과 그에 대한 논의에 대해서는 서강시
   목전이나 마포토정시목전 항목을 참고하면 된다.

51

마포토정시목전麻浦土亭柴木廛

1 "봉수군이 시목을 거두고 축롱을 진배하게 하는 등의 폐단"은 서강시목전뿐 아니

라 서빙고시목전 항목에서도 거론되었다.

56

해전醢廛

1 "而近聞麻浦富民三四十人屯聚大家作爲廛號各項魚醢物種一處積置名之曰都庫操縱發賣
使饌物騰踊且勿論京外醢商之來泊麻浦也稱以收稅白蝦則每船勒奪什一之稅其他各醢從其
甕數之多少每船收捧十餘兩一年通計不知幾許商賈輩稱冤罔有紀極而且於沿江沈醢之家
私自摘奸每甕三四盞收捧合以計之亦不知其數江民之呼冤亦爲不貲", 『승정원일기』 영조
22년(1746) 10월 25일자.

[무제]

1 "법지불행(法之不行), 자상범지(自上犯之)"는 사마천(司馬遷)의 『사기(史記)』에서 위
   앙(衛鞅)의 「상군열전(商君列傳)」에 나온다. 때로는 "법지불행(法之不行), 자관범지
   (自官犯之)"라고도 하였듯이, 관가(官家)에서 지키지 않는 법을 민간에서 지킬 리가
   없음을 가리킨다.
2 전설사는 장막의 공상(供上)을 담당한 기관이다("掌供帳幕", 『경국대전』).
3 사용원은 주원(廚院)이라고도 하였으며, 어선(御膳)을 공상하고 궐내의 공궤(供饋)
   를 관장한 곳이다("掌供御膳及闕內供饋等事", 『경국대전』).
4 사용원에서 마련한 사기가 아닌 다른 그릇이 제기로 쓰이고 있음을 경계하기 위해
   인용된 "고주시포"는 "시장에서 사가지고 온 술과 포"를 가리키며, 『논어(論語)』의
   「향당(鄕黨)」편에 나온다. 공자(孔子)는 사가지고 온 술[沽酒]이나 사가지고 온 포
   [市脯]를 마시거나 먹지 않았다[不食]고 전해진다. 이는 아무 음식이나 먹지 않았음
   을 의미한다.
5 상의원(尙衣院)은 상방(尙房)이라고도 하였으며, 왕실의 의복을 공상하고 궁중의

재화나 금보(金寶) 등의 물건을 담당한 곳이다("掌供御衣襨及內府財貨金寶等物", 『경국대전』).

6 제서유위는 줄여서 제위(制違)라고 하며, 임금이 내리는 명령서에 해당하는 제서(諸書)를 위반하는 범죄를 가리킨다. 『대명률(大明律)』 「이율(吏律)」의 '제서유위(制書有違)' 조에서 "무릇 제서를 받들어 시행하면서 위반하는 자는 장(杖) 1백 대에 처한다"고 하였다(凡奉制書有所施行而違者杖一百).

7 "册子十卷予已盡爲披覽", 『승정원일기』 영조 29년(1753) 7월 9일자.

8 "上命李讀江弊册子而奏之讀訖上曰諸臣各陳意見可也", 『승정원일기』 영조 29년(1753) 7월 9일자.

9 "而三江魚廛及鹽廛卵醢廛合爲五廛", 『승정원일기』 영조 29년(1753) 7월 9일자.

10 『승정원일기』 영조 29년(1753) 7월 19일자.

11 "傳曰貢市人弊釐正册子旣已覽册以下而至於江弊册子於一條重宰之見不同故其令置之今日大臣入 侍旣 下敎先從重臣之意施行廛人若從前習貽弊江民當該廛人嚴訊徒配以宰臣之初册子議更爲施行而大抵甲子節目其若遵行豈有今番册子乎此專由於國無紀綱備局京兆凡事置之度外之致此後江民復有弊而備局不問京兆又以助之則國之紀綱從此而掃盡矣且今若立法當初不飭節目者宜飭而今聞甲子節目後京兆其有亂廛聽施者云事之寒心莫此爲甚此不嚴懲何以立法所犯京兆當該堂上竝罷職不敍", 『비변사등록』 1753년 7월 19일자.

```
부록 1
```

『시폐』에 없는 시전

1 백각전이나 '백시(百市)'라는 표현에는 "온갖 종류의 점포" 이상의 의미가 있다. 현존하는 조선후기 시전 목록에서 100여 종의 전이 확인되며, 또한 유푼전의 푼수 합계 역시 100여 푼이 된다. 이렇게 '백(百)'에는 중의성(重義性)이 내재한 것으로 보아야 하겠다.

2 "紙廛紙契之互相紛爭其來已久而當初兩湖大同設立時各邑紙地價定以四斗之米使紙廛擔

當應役則紙廛人以其價廉不願厥後不問紙廛募給別人而價至五斗名以紙契此所以始開爭端”,『비변사등록』숙종 18년(1692) 6월 16일자.

3 “南門外居金英宅爲名漢敢生不測之計與其堂侄瑞山居金昌勤符同又與京居烟竹廛市人締結暗地下往瑞山簡竹雜竹並貿上京偸賣專利將欲奪人基業故”,「한성부완문(漢城府完文)」,『충청도장토문적(忠淸道庄土文績)』제5책 문서번호 8-14.

4 “賣藥之局皆在銅峴列於左右其散在各處者門傍必書付神農遺業萬病回春之號窓臨街路必垂蘆箔…朴貞蕤城市全圖詩有葦篇中人頗似閑坐秤川芎與白芷…之句是也”,『한경지략』. 박제가의 「성시전도시」란 『정유각집(貞蕤閣集)』의 「성시전도응령(城市全圖應令)」을 가리킨다.

5 “藥局 在銅峴左右街上又散在各洞又有訓禁御三營藥房賣唐常藥材及貼藥”,『동국여지비고』.

6 청대꽃, 즉 전화(靛花)는 쪽빛을 내는 염료이다.

7 “染靛局則諸處有之門外壁上以靛花榻痕爲表故朴貞蕤城市全圖詩有…易知難妄染靛局滿壁靛花榻掌指之句是也”,『한경지략』.

8 “中宗朝十三年依中朝例設書肆于城中以昭格署鎔器及廢寺鍾不拘公私鑄字印書甚盛典而城內但無大書肆實爲欠典”,『한경지략』.

9 “書籍舖 有鄭道傳序 按國初欲爲開舖而未果置//册肆 在貞陵洞屛門又在六曹前賣四書三經百家諸書//書畫肆 在大廣通橋西南川邊賣各樣書畫”,『동국여지비고』.

10 “金轎貰家 在各處宗親及公翁主舊第貰給爲婚姻新婦家用”,『동국여지비고』.

11 “(附)香徒(都家) 在小廣通橋南又在水標橋南川邊東(又散在各處)”,『동국여지비고』.

| 참고문헌 |

자료

『經世遺表』

『經國大典』

『論語』

『大明律』

『萬機要覽』

『備邊司謄錄』

『史記』

『世宗實錄』

『承政院日記』

『英祖實錄』

『六典條例』

『林園經濟志』

『加髢申禁事目』(奎 1514, 奎 2105, 奎 5054)

『各廛記事』(河合文庫, 京都大學)

『景慕宮儀軌』(奎 13632)

『庫次知各項紙物謄書等等傳掌册』(古 4259-103)

『貢物定案』(奎 11893)

『貢弊』(奎 15084)

『軍防口册』(河合文庫, 京都大學)

『吉禮要覽』(奎 4135)

『大東輿地圖』(奎 10333, 奎 12380)

『大東地志』(古 4790-37)

『東國文獻備考』(한古朝31-20, 국립중앙도서관)

『東國輿地備考』(가람古 915.1-D717, 古4790-10, 古2710-2)

『東輿圖』(奎 10340)

『東輿備考』(Asami Collection, East Asia Library, UC Berkeley)

『牧場地圖』(한貴古朝80-32)

「散貸別單」『備邊司謄錄』정조 8년(1784) 3월 21일

『上言謄錄』(奎 12898)

『所志謄錄』(奎 18015)

『宿踐諸衙圖』(TK 3490.88 4331, Harvard-Yenching Library)

『市民謄錄』(河合文庫, 京都大學)

『市弊』(奎 15085)

「練光亭宴會圖」(國立中央博物館)

『英祖貞純王后嘉禮都監儀軌』(奎 13102)

『五洲衍文長箋散稿』(古 0160-13)

『雲觀貢案節目』(奎 2433)

「議政府六曹進上單子」(93225-3)

『立議』(古 4256-43)

「苧布廛受價成册」(『戶房捧上手決册』, 奎 21969)

「苧布廛進排證書」(『戶房捧上手決册』, 奎 21969)

『貞蕤閣集』(奎 5588)

『正祖丙午所懷謄錄』(奎 15050)

『紙廛契謄給』(古4255-15)

『震覽』(가람古 903-J563)

『靑邱要覽』(古 4709-21A)

『忠淸道庄土文績』(奎 19300)

『度支志』(奎貴 811)

『八道郡縣地圖』(古 4709-111)

「弊瘼別單」(『備邊司謄錄』 영조 17년(1741) 11월 18일)

『漢京識略』(가람古915.11-Y9h)

『漢城全圖』(TK 3490.7 3486.2, Harvard-Yenching Library)

『漢陽歌』(古 3320-9)

『弘齋全書』(奎 572)

＊ 소장처가 명시되지 않은 것은 모두 규장각 자료임.

논저

강만길(1973), 『朝鮮後期 商業資本의 發達』, 高麗大學校 出版部.

_____(1985), 「解題」, 『韓國商業史資料叢書 (2): 貢弊·市弊』, 驪江出版社, i~vii쪽.

고동환(1995), 「19세기 후반 刀子廛 謄給文書에 대하여-UC 버클리대학 동아시아도
　　　서관 소장자료를 중심으로-」, 『서울학연구』 6, 247~255쪽.

_____(1998), 『朝鮮後期서울商業發達史研究』, 지식산업사.

_____(2002), 「조선후기 시전(市廛)의 구조와 기능」, 『역사와 현실』 44, 65~99쪽.

_____(2008), 「개항전후기 시전상업의 변화-綿紬廛을 중심으로-」, 『서울학연구』
　　　32, 111~147쪽.

_____(2008), 「조선후기 王室과 시전상인」, 『서울학연구』 30, 71~97쪽.

고민정·김혁·안혜경·양선아·정승모·조영준(2013), 『잡담(雜談)과 빙고(憑考)—경기·충청 장토문적으로 보는 조선후기 여객주인권—』, 소명출판.

고석규(2000), 「19세기 전반 서울의 시전상업」, 『서울상업사』, 태학사, 305~362쪽.

고승희(2003), 『조선후기 함경도 상업 연구』, 國學資料院.

국립중앙도서관(2010), 『고지도를 통해 본 서울지명연구』, 국립중앙도서관 도서관연구소.

김동철(1993), 『朝鮮後期 貢人研究』, 韓國研究院.

_____(2001), 「18세기 말 景慕宮 募民과 그들의 상업활동」, 『지역과 역사』 8, 5~43쪽.

김영호(1968), 「朝鮮後期에 있어서의 都市商業의 새로운 展開—亂廛을 中心으로—」, 『韓國史研究』 2, 25~52쪽.

김의환(2001), 「17~18세기 서울과 京江일대의 소금 유통」, 『國史館論叢』 96, 43~87쪽.

방병선(2009), 「조선 19세기 서울의 도자」, 『도시역사문화』 8, 39~65쪽.

변광석(2001), 『朝鮮後期 市廛商人 研究』, 혜안.

_____(2002), 「18~19세기 刀子廛의 상권과 시전체계의 추이」, 『지역과 역사』 10, 61~86쪽.

서울대학교도서관(1983), 『奎章閣韓國本圖書解題 Ⅶ (史部 3)』.

송찬식(1973), 『李朝後期 手工業에 관한 研究』, 韓國文化研究所.

_____(1997), 『朝鮮後期 社會經濟史의 研究』, 一潮閣.

안대회 옮김(2008), 『연경, 담배의 모든 것』, 휴머니스트, 李鈺(1810), 『烟經』.

오성(1989), 『朝鮮後期 商人研究』, 一潮閣.

유승주(1993), 『朝鮮時代鑛業史研究』, 高麗大學校 出版部.

이능화(1938), 「李朝時代京城市制」, 『稻葉博士還曆記念 滿鮮史論叢』, 稻葉博士還曆記念會, 695~728쪽.

이성임(2009), 「16세기 지방 군현의 공물분정(貢物分定)과 수취—경상도 성주(星州)를 대상으로—」, 『역사와 현실』 72, 33~68쪽.

이영학(1985), 「18세기 연초의 생산과 유통」, 『韓國史論』 13, 183~233쪽.

이영호(1985), 「19세기 浦口收稅의 類型과 浦口流通의 性格」, 『韓國學報』 41, 104~147쪽.

이영훈(1980), 「朝鮮後期 八結作夫制에 대한 硏究」, 『韓國史硏究』 29, 75~137쪽.

이우성 편(1984), 『吐紬契會計冊 外三種』, 亞細亞文化社.

이욱(1996), 「18세기 말 싸전[米廛] 구조와 미곡유통」, 『韓國史學報』 1, 133~161쪽.

이주영(2009), 「18~19세기 의전(衣廛)의 영업 활동과 상권 변동」, 『服飾』 59(8), 37~48쪽.

임인영(1977), 『李朝魚物廛硏究』, 淑明女子大學校 出版部.

_____(1986), 「李朝市廛에 있어서의 女人廛 硏究」, 『論文集』 15, 淑明女子大學校 經濟硏究所, 155~174쪽.

조영준(2008), 「19世紀後半 內需司와 市廛의 去來實態」, 『서울학연구』 31, 167~201쪽.

_____(2009), 「서울 쇠고기시장의 구조, 1902~1908: 『安奇陽日記帳』의 기초 분석」, 『서울학연구』 37, 193~222쪽.

조윤선(2003), 「17·18세기 刑曹의 財源과 保民司－贖錢을 중심으로－」, 『朝鮮時代史學報』 24, 145~184쪽.

최미경 옮김(2001), 『가련하고 정다운 나라, 조선』, 눈빛, Georges Ducrocq(1904), *Pauvre et Douce Coreé*, H. Champion, Libraire, Paris.

최은정(1997), 「18세기 懸房의 商業活動과 運營」, 『梨花史學硏究』 23~24, 83~112쪽.

탁지부사세국(1909), 『韓國稅制考』.

한상권(1996), 『朝鮮後期 社會와 訴冤制度』, 一潮閣.

_____(2000), 「영조·정조의 새로운 상업관과 서울 상업정책」, 『서울상업사』, 태학사, 257~304쪽.

한우근(1966), 『韓國經濟關係文獻集成』, 서울大學校文理科大學 東亞文化硏究所.

須川英德(2003), 「朝鮮時代の商人文書について―綿紬廛文書を中心に―」, 『史料館硏究紀要』 34, 235~262쪽.

_____(2006), 「朝鮮時代의 商人文書에 대하여」, 『古文書硏究』 28, 79~87쪽.

_____(2010), 「시전상인과 국가재정: 가와이[河合]문고 소장의 綿紬廛 문서를 중심으로」, 『조선후기 재정과 시장－경제체제론의 접근－』, 서울대학교출판문화원, 343~377쪽.

Owen Miller(2007), "The Myŏnjujŏn Documents: Accounting Methods and

Merchants' Organisations in Nineteenth Century Korea", *Sungkyun Journal of East Asian Studies* 7(1), pp. 87~114.

_____(2007), "The Silk Merchants of the Myŏnjujŏn: Guild and Government in Late Chosŏn Korea", Unpublished Ph.D. dissertation, the School of Oriental and African Studies, University of London.

_____(2007), "Ties of Labour and Ties of Commerce: Corvée among Seoul Merchants in the Late 19th Century", *Journal of the Economic and Social History of the Orient* 50(1), pp. 41~71.

_____(2008), "Tobacco and the Gift Economy of Seoul Merchants in the Late Nineteenth Century", *SOAS-AKS Working Papers in Korean Studies* 3.

편자

비변사(備邊司)

16~19세기에 걸쳐 조선왕조의 국정을 총괄한 정부기관. 별칭으로는 비국(備局) 또는 주사(籌司)가 있다. 초기에는 주로 변경의 방위 등 외침에 대한 방략에 관련된 업무를 보았으나, 임진왜란을 계기로 기능 및 권한이 확대·강화되었다. 도제조(都提調), 부제조(副提調) 등의 당상(堂上)과 이하 실무자로서의 낭청(郞廳)으로 구성되었다. 회의와 의결의 기록인 『비변사등록(備邊司謄錄)』이 규장각에 소장되어 있으며, 각종 절목(節目) 등이 수록되어 있어 사회경제사 연구의 중요 자료로 활용되고 있다.

역해자

조영준(趙映俊)

한국학중앙연구원 한국학대학원 사회과학부 조교수. 서울대학교 경제학부와 동 대학원을 졸업하였으며(경제학박사), 규장각한국학연구원에서 4년여 동안 인문한국(Humanities Korea) 연구교수로 근무했다. 주요 논문으로 「조선시대 문헌의 신장 정보와 척도 문제」, 「『부역실총』의 잡세 통계에 대한 비판적 고찰」, 「조선후기 왕실의 조달절차와 소통체계」, 「19~20세기 보부상 조직에 대한 재평가」 등이 있다. 고문헌에 대한 심층적 이해를 기초로, 경제학과 역사학의 접목을 통해 한국경제사를 입체적으로 조망하기 위하여 애쓰고 있다.

시폐

조선후기 서울 상인의 소통과 변통

1판 1쇄 찍음 | 2013년 7월 1일
1판 1쇄 펴냄 | 2013년 7월 10일

편　자 | 비변사
역해자 | 조영준
펴낸이 | 김정호
펴낸곳 | 아카넷

출판등록 2000년 1월 24일(제2-3009호)
100-802 서울시 중구 남대문로 5가 526 대우재단빌딩 16층
대표전화 6366-0511(편집) · 6366-0514(주문) | 팩시밀리 6366-0515
책임편집 | 김일수
www.acanet.co.kr

ⓒ 조영준, 2013

Printed in Seoul, Korea.

ISBN 978-89-5733-298-6　94900
ISBN 978-89-5733-230-6(세트)